Sacramentos da iniciação cristã

EDITORA
intersaberes

O selo DIALÓGICA da Editora InterSaberes faz referência às publicações que privilegiam uma linguagem na qual o autor dialoga com o leitor por meio de recursos textuais e visuais, o que torna o conteúdo muito mais dinâmico. São livros que criam um ambiente de interação com o leitor – seu universo cultural, social e de elaboração de conhecimentos –, possibilitando um real processo de interlocução para que a comunicação se efetive.

DIALÓGICA

SÉRIE PRINCÍPIOS DE TEOLOGIA CATÓLICA

Sacramentos da iniciação cristã

Thácio Lincon Soares de Siqueira

EDITORA
intersaberes

Rua Clara Vendramin, 58 . Mossunguê
CEP 81200-170 . Curitiba . PR . Brasil
Fone: (41) 2106-4170
www.intersaberes.com
editora@editoraintersaberes.com.br

Conselho editorial	Edição de texto
Dr. Ivo José Both (presidente)	Natasha Saboredo
Drª Elena Godoy	Keila Nunes Moreira
Dr. Nelson Luís Dias	**Capa e projeto gráfico**
Dr. Neri dos Santos	Iná Trigo (*design*)
Dr. Ulf Gregor Baranow	Tatiana Kasyanova/
Editora-chefe	Shutterstock (imagem)
Lindsay Azambuja	Diagramação
Supervisora editorial	Maiane Gabriele de Araujo
Ariadne Nunes Wenger	Equipe de *design*
Analista editorial	Iná Trigo
Ariel Martins	Iconografia
Preparação de originais	Regina Claudia Cruz Prestes
Belaprosa Comunicação	
Corporativa e Educação	

1ª edição, 2018.
Foi feito o depósito legal.

Informamos que é de inteira responsabilidade do autor a emissão de conceitos.

Nenhuma parte desta publicação poderá ser reproduzida por qualquer meio ou forma sem a prévia autorização da Editora InterSaberes.

A violação dos direitos autorais é crime estabelecido na Lei n. 9.610/1998 e punido pelo art. 184 do Código Penal.

Dados Internacionais de Catalogação na Publicação (CIP)
(Câmara Brasileira do Livro, SP, Brasil)

Siqueira, Thácio Lincon Soares de
    Sacramentos da iniciação cristã/Thácio Lincon Soares de Siqueira. Curitiba: InterSaberes, 2018. (Série Princípios de Teologia Católica)

    Bibliografia.
    ISBN 978-85-5972-678-7

1. Batismo 2. Crisma 3. Eucaristia 4. Sacramentos – Igreja Católica I. Título. II. Série.

18-13136   CDD-234.16

Índices para catálogo sistemático:
1. Sacramentos: Teologia dogmática cristã   234.16

Sumário

Apresentação, 7
Organização didático-pedagógica, 11
Introdução, 15

1   Os efeitos do batismo: filiação divina, remissão dos pecados e incorporação à Igreja, 19

1.1   As figuras e profecias do batismo, 22
1.2   O batismo de acordo com os Padres e os documentos históricos, 29
1.3   Os efeitos do batismo, 33

2   O batismo: da matéria e forma aos aspectos pastorais, 45

2.1   Matéria e forma, 48
2.2   O ministro e o destinatário, 54
2.3   Aspectos pastorais, 57

3		Crisma: origem e sinais, 91
3.1		Origem, 94
3.2		Sinais, 101
3.3		Matéria e forma, 103
3.4		Consagração do crisma, 105

4		Crisma: ministro e efeitos, 113
4.1		Ministro e destinatários, 116
4.2		Efeito, 119
4.3		Aspectos pastorais, 122

5		Eucaristia: da dimensão bíblica à ação de graças, 137
5.1		Dimensão bíblica, 140
5.2		Dimensão eclesial, 146
5.3		Sacrifício e ação de graças, 159

6		Eucaristia: da matéria e forma à missão no mundo, 181
6.1		Matéria e forma, 184
6.2		Eucaristia e a remissão dos pecados, 188
6.3		Eucaristia: unidade dos cristãos, 191
6.4		Eucaristia e a missão no mundo, 194
6.5		As partes da missa, 197
6.6		O culto da eucaristia fora da missa, 204

Considerações finais, 215
Lista de siglas, 219
Referências, 221
Bibliografia comentada, 231
Respostas, 233
Sobre o autor, 235

Apresentação

Jesus Cristo instituiu sete sacramentos para ajudar a humanidade no caminho rumo à Eternidade: batismo, confirmação, eucaristia, penitência, unção dos enfermos, ordem e matrimônio.

Os sacramentos são sinais sensíveis e eficazes da Graça de Deus, que transformam a alma de quem os recebe de acordo com sua natureza. Não se trata de requerimentos burocráticos, mas de uma transformação profunda e ontológica (na ordem do ser) dos catecúmenos – aqueles que estão trilhando o caminho da iniciação cristã.

No âmbito da teologia, o estudo dos sacramentos não é só uma "parada catequética", mas constitui o conteúdo de maior relevância, dado que tudo na teologia toca a área sacramental: graça, redenção, espiritualidade, dogmas. Os sacramentos exteriorizam o relacionamento pessoal com Cristo. Amar a Cristo, relacionar-se com Ele, ser-Lhe fiel discípulo e seguidor são os objetivos principais da fé cristã católica.

A relevância para toda a teologia e todo teólogo é simples: ou se conhece a Cristo ou não se conhece a Cristo. Conhecer, experimentar, ser tocado pela Graça do Senhor, por meio dos sacramentos, é condição necessária para se fazer teologia. Não se faz teologia sem dobrar os joelhos. Não se faz teologia sem se aproximar da mesa eucarística. Não se faz teologia sem se aproximar da confissão. Não se faz teologia sem ser dócil ao Espírito Santo recebido na unção do crisma. E, obviamente, não se faz teologia católica sem haver entrado na Igreja pela sua porta principal: o batismo.

A bibliografia que embasa esta obra vai desde obras de teologia escritas por teólogos brasileiros até aquelas utilizadas por professores em pontifícias universidades na cidade de Roma, na Itália. Essa escolha define exatamente a vontade de seguirmos uma reflexão teológica voltada também ao sentir do Magistério da Igreja e de sua tradição, assim como da Sagrada Escritura.

Portanto, o objetivo principal deste material didático é abordar os principais temas de cada um dos três sacramentos que compõem a iniciação cristã: batismo, confirmação e eucaristia. Cada um deles foi analisado em seu aspecto bíblico e teológico, buscando contemplar a voz dos Padres da Igreja e do Magistério da Igreja.

Dedicamos os capítulos 1 e 2 ao batismo, sacramento que demandou uma explicação mais longa e detalhada. Isso se deve ao fato de o batismo ser a porta para os demais sacramentos. Nele recebemos a filiação divina, a Graça, o Espírito Santo e a possibilidade de participar ativamente da vida da Igreja. O sinal indelével do batismo é a marca da Santíssima Trindade eternamente em nossa alma.

No Capítulo 1, abordamos as origens do batismo no Antigo e no Novo Testamento, assim como apresentamos dados históricos sobre como esse sacramento era praticado nos primeiros séculos depois de Cristo. Já no Capítulo 2, dedicamo-nos às concepções teológicas de *batismo*. Nesse sentido, indicamos os aspectos que compõem o ritual, como o ministro que dará o sacramento e quem pode recebê-lo, além de discussões teológicas relacionadas a ele.

Nos capítulos 3 e 4, analisamos o sacramento da confirmação, o qual também nos sela de forma definitiva e eterna e transmite-nos o Espírito Santo como em Pentecostes, transformando-nos em soldados de Cristo, amadurecidos na fé para testemunhar o amor de Deus. O *crisma*, como muitos o chamam, é o sacramento da vida adulta do espírito, portanto, é digno de atenção e de preparação. Não há necessidade intrínseca para a salvação eterna e pessoal, mas é muito recomendado, dado que fortalece o viandante a caminho do céu, ao longo dessa vida mortal cheia de armadilhas e obstáculos destinados à perdição eterna da própria alma. Para analisar o crisma, propomos uma estrutura semelhante às dos capítulos sobre o batismo: no Capítulo 3, abordamos questões históricas, bíblicas e a origem do sacramento; no Capítulo 4, voltamo-nos às concepções teológicas que o envolvem.

Por último, e não menos importante, analisamos a eucaristia nos capítulos 5 e 6, respeitando a mesma estrutura dos demais capítulos. Trata-se do alimento entregue a nós, caminhantes e soldados, cada dia para nossa salvação. É também a presença "todos os dias até o fim do mundo" Daquele que morreu, ressuscitou e fundou a Igreja como meio privilegiado de salvação, por puro amor à humanidade. Eucaristia, que é a marca suprema da caridade, da doação e da cruz, é nossa luz em meio às tempestades mais cruéis do mundo.

Portanto, aquele que sabe utilizar todos esses meios gratuitos e generosos que Deus disponibilizou, reveste-se da armadura espiritual e enfrenta, ao mesmo tempo, todos os inimigos de Cristo, começando com o demônio.

A fé não é uma série de ritos ou simbolismos, mas estes estão aí para alimentar nossa fé, inspirar-nos a seguir o caminho de Cristo e amar a humanidade como Cristo a amou.

Organização didático-pedagógica

Esta seção tem a finalidade de apresentar os recursos de aprendizagem utilizados no decorrer da obra, de modo a evidenciar os aspectos didático-pedagógicos que nortearam o planejamento do material e como o aluno/leitor pode tirar o melhor proveito dos conteúdos para seu aprendizado.

Introdução

Logo na abertura do capítulo, você é informado a respeito dos conteúdos que nele serão abordados, bem como dos objetivos que o autor pretende alcançar.

Preste atenção!

Nestes boxes, você confere informações complementares a respeito do assunto que está sendo tratado.

Importante!

Algumas das informações mais importantes da obra aparecem nestes boxes. Aproveite para fazer sua própria reflexão sobre os conteúdos apresentados.

Síntese

Você dispõe, ao final do capítulo, de uma síntese que traz os principais conceitos nele abordados.

Atividades de autoavaliação

Com estas questões objetivas, você tem a oportunidade de verificar o grau de assimilação dos conceitos examinados, motivando-se a progredir em seus estudos e a se preparar para outras atividades avaliativas.

1. O batismo produz diversos efeitos na alma de quem o recebe. Assinale aquele que não se caracteriza como efeito do batismo, conforme indica o Catecismo da Igreja Católica:
   a) Remissão dos pecados.
   b) Impressão de um caráter temporário, que dura só durante a vida nesse mundo.
   c) Incorporação à Igreja.
   d) Fundamento da comunhão entre os cristãos.

Atividades de aprendizagem

Questões para reflexão:

1. Vivemos em um mundo hiperconectado. Aparentemente, o ser humano se sente plenamente feliz ao expor nas redes sociais sua vida privada e seus mais íntimos pensamentos e sentimentos. Contudo, em muitos casos, tal exposição pessoal não passa de uma busca de autoafirmação desenfreada. Não seria essa uma busca pela purificação interior, conforme abordamos no texto? Pense nas formas pelas quais o ser humano atualmente busca a purificação interior e tente ver a veracidade ou não da seguinte afirmação feita neste capítulo: "O sacramento do batismo responde também a um desejo natural do ser humano de ser purificado".

2. Os primeiros cristãos tinham muitas lembranças dos acontecimentos da vida de Cristo e dos apóstolos. As histórias e testemunhos passavam de boca em boca, de geração em geração. Nessa época, o coração dos cristãos ainda ardia pelos acontecimentos do juízo, morte e ressurreição de Cristo Senhor. Hoje em dia, é verdade que o batismo, em muitos lugares, assumiu-se ou a sem compromisso social? Ou podemos dizer que ainda existem cristãos que valorizam esse sacramento pelo que ele realmente é?

⌐ Atividades de aprendizagem

Aqui você dispõe de questões cujo objetivo é levá-lo a analisar criticamente determinado assunto e aproximar conhecimentos teóricos e práticos.

Bibliografia comentada

BOURGEOIS, H.; SESBOÜÉ, B.; TIHON, P. História dos dogmas: os sinais da salvação. Tradução de Margarida Oliva. São Paulo: Loyola, 2003. Tomo 3.
[...]

CELAM - Conselho Episcopal Latino-Americano. Manual de Liturgia III: A celebração do mistério pascal - Os sacramentos: sinais do mistério pascal. São Paulo: Paulus, 2015.
[...]

⌐ Bibliografia comentada

Nesta seção, você encontra comentários acerca de algumas obras de referência para o estudo dos temas examinados.

Introdução

O cristianismo é uma força que mudou e continua mudando a face da Terra. É como uma boa semente jogada em vários tipos de terrenos que espera regadores e cuidadores, assim como a mão de Deus que as faz crescer.

O que seria de nós, seres humanos, sem a mensagem do amor que Cristo nos trouxe? O *Homo homini lupus*[1] (o homem é o lobo do homem) estaria imperando até hoje, sem a força da mensagem da misericórdia, do amar e perdoar os inimigos, do orar pelos que nos perseguem, do fazer o bem aos que não nos querem bem. O mundo, sem dúvida, teria muito mais muros do que já tem.

A força invisível de Deus guiando a história por meio de sua admirável providência também passou a guiar os corações arrependidos e

---

1 Essa expressão é atribuída a Plauto (254-184 a.C.) e se encontra em sua obra *Asinaria*, II, 4, 88. O texto completo é *"Lupus est homo homini, non homo"*. Thomas Hobbes, filósofo inglês do século XVII, a popularizou.

humildes, como Maria e tantos cristãos santos escondidos em muitos rincões do planeta.

Não são os poderosos que vencem. É Deus, com o seu poder onipotente, que não permite que nada aconteça fora dos seus planos e, ao mesmo tempo, dá-nos liberdade para escolher o bem ou o mal.

A luz que brilhou no Oriente há dois mil anos toca e transforma vidas, levando-as à plenitude do amor. E a porta dessa mansão de amor se chama *sacramentos da iniciação cristã*. Claro que Deus é maior do que os seus sacramentos e pode levar qualquer ser humano à salvação por meio dos seus caminhos misteriosos e eternos. Contudo, Ele quis enviar o seu único Filho ao mundo, Jesus Cristo, para nos salvar, para recapitular tudo em Cristo e construir novos céus e nova Terra.

Essa mensagem de amor, que cruza **há mais de dois milênios** mares e oceanos, continentes, cidades e vilarejos, é a missão principal da Igreja, corpo de Cristo. A Igreja é o grande presente e mistério que Deus nos deu, o caminho mais rápido para o céu. Sua essência é o amor, o amor incondicional do Pai por todos os seus filhos.

Quem se sente tocado pelo Mestre ressuscitado aproxima-se da Igreja, assim como Paulo o fez, buscando ingressar nesse tesouro espiritual sem par.

A iniciação cristã passa a ser um caminho de encontro com o Mestre. Não é um curso de formação para se adaptar a uma cultura ritual ou externa; trata-se de tempo, esforço, oração e mudança do coração para se encontrar com o Ressuscitado. O contrário disso é ilusão, é perda de tempo.

A porta de todos esses sacramentos é o batismo. O suporte da vida cristã é o Espírito Santo, que recebemos tanto no batismo quanto na confirmação, como soldados de Cristo, em que o alimento da caminhada é o próprio Deus, Pão da Vida Eterna – "Quem comer deste pão viverá eternamente" (Jo 6,51).

Claro que uma obra de teologia católica busca estruturar os conhecimentos, os dogmas e as normas da Igreja, a fim de contribuir na formação intelectual do estudante católico. No entanto, também é verdade que falar de Deus e não falar com Deus é perda de tempo, dado que Ele é o único que dá sentido a cada doutrina estudada, a cada dogma aprendido, a cada elemento do depósito da fé recebido por Cristo e pelos nossos antepassados.

1
Os efeitos do batismo: filiação divina, remissão dos pecados e incorporação à Igreja[1]

---

[1] Todas as passagens bíblicas indicadas neste capítulo são citações de Bíblia (2000).

Para dar início aos nossos estudos, entraremos na Igreja por sua porta principal: o sacramento do batismo. Trata-se da "porta da vida no Espírito (*'vitae spiritualis ianua'*)" [2], da "porta que abre o acesso aos demais sacramentos" (CIC, 2000, n. 1213, p. 340). Assim como a porta central da Basílica de São Pedro, intitulada *porta dos sacramentos*, o batismo é a porta de entrada para a Igreja, visto que nos possibilita fazer parte da vida divina e redimir-nos do pecado original.

---

2 *Vitae Spiritualis Ianua* ("porta de ingresso à vida espiritual") é uma expressão que aparece no *Decreto para os Armênios*, bula pontifícia assinada pelo Papa Eugenio IV em 1439 (Eugenio, 1439).

Atualmente, o catolicismo não é a religião predominante em muitos países, tendo em vista que muitos sofreram profundas mudanças no plano cultural e religioso, conservando como museus os testemunhos dos católicos. Somado a isso, há o distanciamento que o *homo tecnologicus* tomou da fé.

Ainda assim, não são poucos os pais e mães que procuram oferecer aos seus filhos, recém-nascidos ou já grandes, o valioso dom que eles próprios receberam em sua tenra infância: o batismo.

Tendo isso em vista, neste capítulo, primeiramente entraremos em contato com os dados bíblicos referentes ao batismo. Em seguida, partiremos para a parte histórica, por meio da qual apresentaremos diversas esquematizações doutrinais, até chegarmos aos primeiros testemunhos da existência do batismo. Ao analisarmos os primórdios da comunidade cristã, poderemos esclarecer como o próprio Cristo instituiu esse sacramento e, assim, analisar a doutrina e a aplicação pastoral nas paróquias e dioceses atualmente.

1.1 As figuras e profecias do batismo

Como primeira aproximação ao batismo, abordaremos a Sagrada Escritura – inclusive algumas figuras e profecias do batismo no Antigo Testamento – e um pouco de história dos povos antigos. As Escrituras já evidenciavam na Antiga Aliança o que seria o batismo e sua necessidade, assim como profetizaram esse sacramento como promessa de vida eterna para os Filhos de Deus.

1.1.1 A origem do batismo no Antigo Testamento

Como ressaltamos na introdução do capítulo, o batismo é a porta de entrada para a Igreja e, consequentemente, para a vida em Cristo. Na Antiguidade, esse sacramento era conhecido como *iniciação cristã*.

Historicamente falando, antes de Cristo, os povos antigos da Grécia, do Egito, da Pérsia, da Índia e da Babilônia já praticavam métodos de purificação semelhantes ao batismo. Obviamente, esse dado não serve para que igualemos o batismo a esses métodos – afinal, isso seria o mesmo que afirmar que a iniciação cristã deriva de práticas pagãs, o que não é verdade. Assim, partimos do fato de que a instituição do batismo como sacramento é divina, um mandamento do Senhor. Certamente, o sacramento também corresponde a um desejo natural do ser humano de ser purificado.

Algumas formas de purificação encontradas no Antigo Testamento são interpretadas como prefigurações do batismo cristão. Se analisarmos esses casos mais profundamente, perceberemos que essa informação é procedente.

Esses casos foram alvo, posteriormente, de duras críticas de Cristo, dado que, com o passar do tempo, foram se transformando em normas rígidas e externas que não transformavam o interior do ser humano e não o aproximavam de Deus.

No Antigo Testamento existiam, essencialmente, dois tipos de purificação. A primeira era necessária depois de se cometer uma impureza sexual ou legal – essa última devido ao contato com animais considerados impuros e determinadas doenças, por exemplo. Podemos encontrar descrições referentes a esse tipo de purificação nos capítulos de 11 a 15 do Levítico. Já a segunda forma era destinada às pessoas que queriam se converter ao hebraísmo e tornar-se parte do povo escolhido por Deus.

Quem não era hebreu podia participar, inicialmente, da observância da lei hebraica (como ocorre em Lv 17,15), mas apenas após a circuncisão. No entanto, essa ideia sucumbiu ao ponto de quem não fosse hebreu ser considerado um ser totalmente impuro, que necessitava de um rito de purificação denominado *Tevilá* – conceito da Bíblia judaica que significa "batismo bíblico", "mergulhar", "imergir".

No Novo Testamento, o batismo também foi compreendido como um rito de purificação. De acordo com Moliné (1999), os cristãos reinterpretaram acontecimentos bíblicos do Antigo Testamento como figuras e anúncios do batismo, que revelavam "a intervenção maravilhosa de Deus a favor do seu povo" (Celam, 2015, p. 68).

Para nós, cristãos, Cristo é a chave de interpretação de toda a Escritura. Recordemos alguns episódios do Antigo Testamento que foram posteriormente relacionados ao batismo: a água do dilúvio, a circuncisão, a passagem de Israel pelo Mar Vermelho e a cura de Naamã. Essas passagens também são exemplos de como a Escritura se autointerpreta a partir do cristianismo.

Preste atenção!

São Pedro afirmou que a **água do dilúvio**[3] é a figura do batismo que nos salva (1Pe 3,20-21).

São Paulo, por sua vez, viu na **circuncisão** outra figura do batismo: "Nele também fostes circuncidados com circuncisão não feita por mão de homem, mas com a circuncisão de Cristo, que consiste no despojamento do nosso ser carnal. Sepultados com ele no batismo, com ele também ressuscitastes por vossa fé no poder de Deus, que o ressuscitou dos mortos" (Cl 2,11-12).

---

3 Cf. Gn 7.

São Paulo também interpretou a **passagem do Mar Vermelho** como uma figura batismal: "todos foram batizados em Moisés, na nuvem e no mar" (1Cor 10,2).

No episódio da **cura de Naamã**, o general do exército do rei de Aram, Naamã, curou-se da lepra ao banhar-se sete vezes nas águas do rio Jordão (2Rs 5,8-14).

O Antigo Testamento contém também várias profecias sobre esse sacramento. A mais famosa é a do profeta Ezequiel, aproximadamente do século VI a.C.: "Derramarei sobre vós águas puras, que vos purificarão de todas as vossas imundícies e de todas as vossas abominações. Dar-vos-ei um coração novo e em vós porei um espírito novo; tirar-vos-ei do peito o coração de pedra e dar-vos-ei um coração de carne" (Ez 36,25-26).

Contudo, todas as prefigurações da Antiga Aliança culminam em Cristo Jesus, que se submeteu voluntariamente ao batismo no Jordão (CIC, 2000). Na sua Páscoa, Cristo abriu para todos as fontes do batismo (CIC, 2000).

Deu-se, assim, cumprimento à profecia de João Batista: "Eu vos batizo com água, em sinal de penitência, mas aquele que virá depois de mim é mais poderoso do que eu [...]. Ele vos batizará no Espírito Santo e em fogo" (Mt 3,11).

1.1.2 A origem do batismo no Novo Testamento

Apresentamos um brevíssimo quadro de algumas figuras e profecias do batismo no Antigo Testamento. Agora, vamos contemplá-lo à luz do Novo Testamento.

Etimologicamente, a palavra *batismo* vem do grego *baptizein* e significa "submergir" ou "introduzir na água". Os Atos dos Apóstolos nos apresentam alguns testemunhos explícitos dos primeiros batismos cristãos (Galindo, 2007): os três mil batizados em um só dia, após a pregação de São Pedro (At 2,37-41); os samaritanos batizados por Filipe (At 8,12); o batismo de Simão, o mago (At 8,13); o episódio do batismo do Espírito (At 8,16-17); o eunuco etíope (At 8,35-38); o batismo de Paulo (At 9,18; cf. At 22,16); o batismo de Cornélio e daqueles que se reuniam em sua casa (At 10,47-48); a narração de Pedro (At 10,47-48); o batismo de Lídia e de toda sua família (At 16,14-15); o batismo do carcereiro e de todos os seus familiares (At 16,30-34); o batismo de Crispo e toda a sua família (At 18,8); o batismo dos discípulos de João Batista em Éfeso (At 19,2-6) etc.

Há elementos que se repetem em todas essas passagens, que são como um pano de fundo delas. Por exemplo, podemos perceber na maioria delas o anúncio da palavra; a aceitação da mensagem pela fé; o próprio batismo; a referência à água e a uma fórmula; a entrada na comunidade; e o Espírito. Certamente, há também a ausência de um elemento que, infelizmente, é demasiado abundante em nossa cultura contemporânea: a simples obrigação social. Nas passagens do Novo Testamento, há sempre uma resposta pessoal, livre e madura à boa-nova de Jesus (Galindo, 2007).

No Novo Testamento, o batismo instituído por Cristo é o ato do sepultamento do catecúmeno em Sua morte, que depois ressurge com Ele, como uma nova criatura.

Lá pelo ano 57 d.C., São Paulo exortou os cristãos de Corinto a superarem suas discórdias, precisamente porque todos haviam sido batizados com o mesmo Espírito. No mesmo ano, o apóstolo dos gentios explicou como todos os batizados da Galácia haviam sido revestidos de Cristo. No inverno entre os anos de 57 e 58, São Paulo escreveu aos romanos que fomos "sepultados com ele na sua morte pelo batismo para que, como Cristo ressurgiu dos mortos pela glória do Pai, assim nós também vivamos uma vida nova" (Rm 6,4), ideia que repetiu aos colossenses anos mais tarde (Cl 2,12).

João Batista, o precursor do Messias, dizia: "Eu vos batizei com água; ele, porém, vos batizará no Espírito Santo" (Mc 1,8). Sobre esse ritual, Santo Tomás de Aquino (ca. 1225-1274) afirmava que ele "não conferia a graça, mas só preparava para ela, de três modos. Primeiro, pela sua doutrina, João induzia os ouvintes à fé de Cristo. Segundo, acostumava-os ao rito do batismo. Terceiro, pela penitência, preparava os homens a receberem o efeito do batismo de Cristo" (Tomás de Aquino, [s.d.], p. 3177).

> No Novo Testamento, o batismo instituído por Cristo é o ato do sepultamento do catecúmeno em Sua morte, que depois ressurge com Ele, como uma nova criatura.

A única pessoa que não precisava em hipótese alguma do batismo, Jesus Cristo, submeteu-se a ele para poder, assim, purificar todas as águas do mundo (cf. Mc 1,9-11). Jesus referiu-se à própria morte utilizando o termo *batismo* (Mc 10,38; Lc 12,50).

Contudo, como foi que Cristo instituiu esse sacramento? Podemos conferir Sua vontade em três momentos do Evangelho. Primeiro, na pregação de São João Batista, que disse que Cristo traria um batismo novo e perfeito no Espírito Santo e fogo (Lc 3,16). Segundo, no diálogo de Cristo com Nicodemos, no qual Jesus insistiu na absoluta necessidade, para a salvação, de uma regeneração por meio do rito batismal (Jo 3,5). Por último, no dia da ascensão aos céus, quando Jesus disse aos seus discípulos: "Ide, pois, e ensinai a todas as nações; batizai-as em nome do Pai, do Filho e do Espírito Santo" (Mt 28,19).

Em nenhuma dessas situações, entretanto, Jesus falou expressamente que estava instituindo o batismo. Embora o Evangelho não revele o momento exato dessa instituição, como acontece, por exemplo, na eucaristia, podemos supor logicamente que Cristo só deu tal mandamento aos seus discípulos porque já havia instituído o sacramento previamente. O contrário não faria sentido.

Opiniões de teólogos clássicos sobre a instituição do batismo

O que não podemos negar, com o risco de cairmos em heresia, é que, como os demais sacramentos[4], o batismo foi instituído por Cristo (Denzinger, 2007). Vários autores e padres da Igreja discutiram sobre o momento exato em que Cristo o instituiu. O mais provável, contudo, é que Cristo o fez por meio de vários atos, nos quais, aos poucos, foi revelando progressivamente o mistério desse sacramento[5].

Alguns cristãos, como Santo Ambrósio, acreditam que Cristo instituiu esse sacramento quando foi batizado no Jordão. De acordo com Santo Tomás de Aquino, nessa ocasião, Jesus infundiu uma força santificante em toda a água do mundo. No entanto, o *Aquinate*[6] acrescentou que Jesus somente transformou o batismo em obrigação depois de sua ressurreição, já que apenas por meio desse ato o ser humano pôde ser configurado com sua paixão e ressurreição. Por isso, o fato de Cristo ter instituído o batismo é um dogma de fé.

O filósofo Pedro Abelardo (1079-1142) e uma minoria de teólogos chegaram a pensar que o momento da instituição do batismo havia sido a conversa com Nicodemos. Outros teólogos, como São Boaventura (1221-1274), acreditam que esse momento ocorreu quando Jesus enviou seus discípulos para serem batizados. Apesar dessas variações, há um ponto comum em todas essas visões: todos estão de acordo que Jesus deixou claro que o elemento usado nesse sacramento deve ser a água.

Mais tarde, a Igreja afirmou, contra o modernismo, que o sacramento do batismo não foi fruto de um processo evolutivo realizado na Igreja

---

4 O Concílio de Trento definiu solenemente que Cristo instituiu todos os sacramentos (Denzinger, 2007).

5 Essa interpretação corrobora a compreensão da Tradição da Igreja.

6 O termo *Aquinate* refere-se a quem nasceu em Aquino – por antonomásia, Santo Tomás de Aquino.

primitiva (Denzinger, 2007). Em outras palavras, "se a Igreja dos inícios pôde ter, historicamente, um papel na prática inicial do batismo e na interpretação de seu sentido, não foi ela quem o instituiu. O batismo não depende de uma necessidade societária; ele tem por origem o querer pascal de Cristo ressuscitado. É dom de Deus" (Bourgeois; Sesboüé; Tihon, 2013, p. 259).

Portanto, os sacramentos não foram criados pela Igreja. Certamente, o fato histórico da instituição é mais ou menos evidente nos Evangelhos. O que cremos, como católicos, é que todos foram instituídos por Jesus Cristo, sendo que a Igreja, por meio do Espírito Santo, ao longo dos séculos, foi entendendo essa vontade do Senhor.

1.2 O batismo de acordo com os Padres e os documentos históricos

Além do testemunho das Sagradas Escrituras, podemos encontrar também vários outros na Tradição da Igreja sobre o batismo e sua instituição por parte de Cristo. Moliné (1999) destacou três documentos antigos que testemunham o batismo e a forma como era administrado: 1) a apologia de São Justino, 2) a *Didaqué* e 3) a Tradição Apostólica. A seguir, dividiremos esses testemunhos por séculos.

Primeiro século

A *Didaqué* (80-100 d.C.) constitui a doutrina dos doze apóstolos e é um dos mais antigos documentos da literatura cristã – foi encontrado em Constantinopla em 1875. Trata-se de um autêntico tratado de instrução para catecúmenos, ou seja, para os recém-convertidos à fé cristã.

Nesse documento, consta que o batismo deve ser realizado em água corrente, em nome do Pai, do Filho e do Espírito Santo. No entanto, o documento ressalta a prioridade em realizá-lo: "Se você não tem água corrente, batize em outra água; se não puder batizar em água fria, faça-o em água quente" (Didaqué..., 2014). Conforme podemos perceber, a *Didaqué* (2014) contempla outras possibilidades em casos em que não há água corrente. Nesse sentido, é possível realizar o batismo derramando três vezes água sobre a cabeça, em nome do Pai, do Filho e do Espírito Santo.

Em síntese, podemos destacar duas atitudes testemunhadas pela *Didaqué*: o uso de um rito de **imersão** em água corrente e também de um **triplo derramamento** de água na cabeça do catecúmeno.

Segundo século

São Justino Mártir (100-165), que teve o privilégio de fornecer informações precisas e preciosas sobre o cristianismo dos primeiros séculos, afirma em sua primeira apologia dirigida ao Imperador Antonino Pio (86-161):

> Nós oramos e jejuamos com eles. Depois os levamos a um lugar onde tem água, e ali são regenerados com o mesmo tipo de regeneração que nos regenerou. Porque tomam banho na água em nome do Pai do universo e Deus soberano, de Jesus Cristo nosso salvador, e do Espírito Santo [...] Sobre aquele que escolheu renascer e que se arrepende dos seus pecados, dentro da água, se invoca o nome de Deus, Pai e soberano do universo [...] Este banho recebe o nome de iluminação, porque entendemos que se ilumina a inteligência daqueles que aprendem essas coisas. E o iluminado se lava também em nome de Jesus Cristo, que foi crucificado sob Pôncio Pilatos, e no nome do Espírito Santo, que, por meio dos profetas, nos anunciou previamente tudo o que se refere a Jesus. (São Justino, citado por Moliné, 1999, p. 44, tradução nossa)

Apesar de serem ideias que São Justino destinou aos pagãos da época, sem dúvidas essas palavras não deixam de ser um testemunho histórico bastante detalhado a respeito da cerimônia do batismo no século II, que, além do mais, aponta e explica seu significado e conteúdo.

Terceiro século

Santo Hipólito (170-235), grande escritor e orador, interessado especialmente nos problemas da vida prática cristã, deixou-nos uma detalhada descrição do rito batismal da Roma de sua época:

> Ao cantar do galo, rezar-se-á, primeiramente, sobre a água. Deve ser água corrente, na fonte ou caindo do alto, exceto em caso de necessidade; se a dificuldade persistir ou se tratar de caso de urgência, deve-se usar a água que encontrar. Os batizandos se despirão e serão batizadas, primeiro, as crianças. Todos os que puderem falar por si próprios, falem; contudo, os pais ou alguém da família falem por aqueles que não puderem falar por si mesmos. Depois batizem-se os homens e, por último, as mulheres (que deverão estar de cabelos soltos e sem os enfeites de ouro e prata que levaram). Ninguém deve descer às águas portando objetos estranhos. No instante previsto para o batismo, o bispo renderá graças sobre o óleo que será posto em um vaso e será chamado de *óleo de ação de graças*. Tomará também um outro óleo que exorcizará e será denominado de *óleo de exorcismo*. Então o diácono trará o óleo de exorcismo e ficará à esquerda do presbítero; outro diácono pegará o óleo de ação de graças e ficará à direita do presbítero. Acolhendo cada um dos que recebem o batismo, manda renunciar, dizendo: "**Renuncia a ti, Satanás, a todo teu serviço e a todas as tuas obras**". Terminada a renúncia de cada um, ungirá com o óleo de exorcismo, dizendo-lhe: "**Afaste-se de ti todo espírito impuro**". E irá entregá-lo nu ao bispo ou ao presbítero que está junto da água, batizando. O diácono também descerá com ele e, ao chegar à água aquele que será batizado, aquele que batiza lhe dirá, impondo-lhe as mãos sobre ele: "**Crês em Deus Pai todo-poderoso?**". E aquele que é batizado responda: "**Creio**". Imediatamente, com a mão pousada sobre a sua cabeça, batize-o uma vez, dizendo a seguir: "**Crês em Jesus Cristo, Filho de Deus, nascido do Espírito Santo e da Virgem Maria, que foi crucificado sob Pôncio Pilatos, morrendo e sendo sepultado e, vivo, ressurgiu dos mortos**

no terceiro dia, subindo aos céus e sentando-se à direita do Pai, donde julgará os vivos e os mortos?". Quando responder: "**Creio**", será batizado pela segunda vez. E dirá mais uma vez: "**Crês no Espírito Santo, na Santa Igreja e na ressurreição da carne?**". Responderá o que está sendo batizado: "**Creio**", e será batizado pela terceira vez. Depois de subir da água, será ungido com o óleo santificado pelo presbítero, que dirá: "**Unjo-te com o óleo santo em nome de Jesus Cristo**". Após isto, cada um se enxugará e se vestirá, entrando, a seguir, na igreja. (Paróquia Nossa Senhora Aparecida, 2018, p. 24-25, grifo do original)

Tertuliano (ca. 160) escreveu a mais antiga monografia sobre esse sacramento, na qual pressupôs tacitamente que Cristo o instituiu.

São Cipriano (210-258), bispo de Cartago, que padeceu o martírio sob Valeriano, descreveu o próprio batismo como uma imersão no banho salutar (Cipriano de Cartago, 2016). Em carta assinada por mais de 66 bispos da África, enviada ao presbítero Fido, São Cipriano confirmou também a necessidade de se batizar as crianças recém-nascidas, sem ter que se esperar até o oitavo dia, como Fido vinha fazendo (Cipriano de Cartago, 2016).

Quarto século

Serapião (?-370) escreveu no seu *Eucologio* – uma coletânea de 30 orações litúrgicas – uma oração para os catecúmenos em que suplica a Deus que os torne dignos do banho do novo nascimento.

São Gregório Nazianzeno (329-390) descreve e resume da seguinte maneira as diversas concepções do batismo até a sua época:

> O batismo é o dom mais bonito e magnífico de Deus [...] O chamamos dom, graça, unção, iluminação, veste de imortalidade, banho de regeneração, selo e presente preciosíssimo. É chamado dom porque é dado àqueles que não contribuem com nada de próprio; graça, porque é conferido até aos culpáveis; batismo, porque o pecado fica sepultado na água; unção, porque é real e sacerdotal

como aqueles que são ungidos; iluminação, por irradiar luz; veste, porque cobre a nossa vergonha; banho, porque limpa; e selo, porque é nosso escudo e sinal da majestade de Deus. (São Gregório Nazianzeno, citado por Haffner, 2000, p. 42, tradução nossa)

Conforme podemos perceber, São Gregório embasou sua concepção do batismo como um dom em vários outros conceitos doutrinais presentes nos demais Padres da Igreja.

Quinto século
Santo Agostinho afirmou com toda clareza: "o batismo não depende nem dos méritos de quem o administra nem dos daqueles que o recebem, mas possui sua própria santidade e verdade, pelos méritos de quem o instituiu" (Santo Agostinho, citado por Haffner, 2000, p. 42, tradução nossa).

Tal ideia foi confirmada solenemente no Concílio de Trento, ou seja, é dogma de fé que Jesus Cristo instituiu o sacramento do batismo, assim como cada um dos sacramentos.

1.3 Os efeitos do batismo

No Catecismo da Igreja Católica – CIC (2000, n. 1262, p. 351), afirma-se que os elementos sensíveis do rito sacramental significam os diferentes efeitos do batismo: "A imersão na água evoca os simbolismos da morte e da purificação, mas também da regeneração e da renovação. Os dois efeitos principais são, pois, a purificação dos pecados e o novo nascimento no Espírito Santo". De certa forma, só Deus pode fazer de tal forma que um rito externo produza esse tipo de efeitos (Moliné, 1999).

O CIC (2000) destaca, mais concretamente, cinco efeitos do sacramento do batismo: 1) a remissão dos pecados; 2) a transformação em nova criatura; 3) a incorporação na Igreja, corpo de Cristo; 4) o fundamento da comunhão entre todos os cristãos; e, por fim, 5) uma marca espiritual indelével na alma de quem o recebe.

1.3.1 Remissão dos pecados

Para poder participar da vida trinitária, devemos ter todos os nossos pecados perdoados, como o pecado original e os pecados pessoais – o que ocorre por meio do batismo (CIC, 2000). Aliás, "todos os que fomos batizados em Jesus Cristo, fomos batizados na sua morte" (Rm 6, 3). Conforme salientamos anteriormente, pelo batismo fomos sepultados com Ele na morte para que, em Sua ressurreição, nós também ressuscitemos.

O batismo produz uma mudança profunda no interior daquele que o recebe. Contudo, após o batismo,

> certas consequências temporais do pecado permanecem, tais como os sofrimentos, a doença, a morte ou as fragilidades inerentes à vida, como as fraquezas de carácter etc., assim como a propensão ao pecado, que a Tradição chama de *concupiscência* ou, metaforicamente, o "incentivo do pecado" (*"fomes peccati"*). (CIC, 2000, n. 1264, p. 351)

Como profetiza Moliné (1999), no dia da ressurreição da carne, o batismo mostrará o seu poder com relação a essas relíquias do pecado original.

O adulto batizado, entretanto, fica liberto das penas temporais devidas aos pecados de sua vida antes da conversão. É por isso que, se morrer um recém-batizado, seja adulto, seja criança, ele receberá automaticamente a salvação eterna.

É claro que, **se o adulto permanecer apegado aos pecados veniais**, não receberá a totalidade dos efeitos do sacramento (Haffner, 2000).

O mesmo acontece se o adulto permanecer apegado ao pecado mortal depois de receber o batismo. Ele receberá o caráter indelével, mas não a vida divina até se desprender desse pecado. A vida divina só fará parte dele caso se arrependa e se confesse sinceramente.

E o que acontece se a pessoa não quiser, em hipótese alguma, receber o sacramento e for forçada a fazê-lo? Então, nesse caso, nem sequer receberá o caráter indelével sacramental[7].

1.3.2 Transformação em nova criatura

São Paulo afirma que estar em Cristo é se renovar, tornar-se nova criatura (1Cor 5,17). Da mesma forma, São Pedro postula que pela glória e virtude de Cristo recebemos "maiores e mais preciosas promessas, a fim de tornar-vos por este meio participantes da natureza divina" (2Pe 1,4).

Nossos corpos são membros de Cristo (1Cor 6,15), pois em "um só Espírito fomos batizados todos nós, para formar um só corpo, judeus ou gregos, escravos ou livres; e todos fomos impregnados do mesmo Espírito" (1Cor 12,13).

> O batismo faz do "neófito 'uma nova criatura', um filho adotivo de Deus que se tornou 'participante da natureza divina', membro de Cristo e co-herdeiro com Ele, templo do Espírito Santo" (CIC, 2000, n. 1265, p. 351).

---

7 De acordo com Denzinger (2007), o Papa Inocêncio III, ao abordar o caráter sacramental em uma carta a Imberto, arcebispo de Arles, diferencia dois tipos de coação: 1) a que não tornaria inválido o batismo; e 2) a que o tornaria totalmente inválido e não imprimiria caráter na alma de quem o recebe. O primeiro tipo é referente àquelas pessoas que fogem de "terrores e suplícios [...] para não se expor a dano" e aos que vão "ao batismo fingidamente" (Denzinger, 781, p. 274). Nesses casos, o indivíduo, "por querer condicionalmente, embora não queira absolutamente, deve ser obrigado à observância da fé cristã" (Denzinger, 2007, n. 781, p. 274). O segundo tipo de coação não imprime caráter e não obriga à observância da fé cristã: esse é o daquela pessoa que expressamente se nega a receber o batismo. Nesse caso, o indivíduo "não recebe nem a realidade, nem o caráter do sacramento – pois opor-se expressamente é mais que não consentir minimamente" (Denzinger, 2007, n. 782, p. 275).

Além disso, o batizado recebe da Santíssima Trindade a graça santificante, que é a graça da justificação. Essa graça:

> – torna-o capaz de crer em Deus, de esperar nele e de amá-lo por meio das **virtudes teologais**;
>
> – concede-lhe o poder de viver e agir sob a moção do **Espírito Santo** por seus dons;
>
> – permite-lhe crescer no bem pelas **virtudes morais**.
>
> Assim, todo o organismo da vida sobrenatural do cristão tem sua raiz no santo Batismo. (CIC, 2000, n. 1266, p. 352, grifo do original)

Trata-se, então, de um organismo da vida espiritual que passa a ter vida a partir do batismo, levando o seguidor de Cristo a uma vida nova, na qual ele passará a ver o mundo com os olhos das virtudes teologais.

1.3.3 Incorporação na Igreja: corpo de Cristo

O batismo nos faz membros do corpo de Cristo e também participantes no sacerdócio comum dos fiéis. Estar em comunhão com Cristo é tomar parte de Sua **tríplice múnus**: profeta, sacerdote e rei.

Todo batizado é leigo, e *leigo* significa "membro do povo" – nesse caso, membro do novo povo de Deus, seguidor de Jesus de Nazaré, morto e ressuscitado. Todos nós, cristãos (até mesmo os eclesiásticos), somos, antes de tudo e sobretudo, leigos (Galindo, 2007).

Em outras palavras, o leigo é tão cristão quanto o papa, o bispo, o sacerdote e o diácono. Foi por meio de um costume introduzido na Igreja que passamos a reservar o termo *leigo* somente ao secular, aos que não pertencem ao clero. Teologicamente, não há diferença. Pelo batismo, todos temos a mesma dignidade como Filhos de Deus (Galindo, 2007).

Os batizados "participam no sacerdócio de Cristo, de sua missão profética e régia" (CIC, 2000, n. 1268, p. 352). Como afirma São Pedro, são "raça escolhida, um sacerdócio régio, uma nação santa, um povo adquirido para Deus" (1Pe 2,9).

O termo usado por São Paulo é *revestir-se* de Cristo como se Ele fosse uma nova vestimenta, uma nova roupa (Gl 3,27). Essa realidade é simbolizada no batismo pelo vestido branco: "N.: Agora és nova criatura e estás revestido (revestida) de Cristo. Esta veste branca seja para ti símbolo da dignidade cristã. Ajudado (Ajudada) pela palavra e pelo exemplo da tua família, conserva-a imaculada até a vida eterna" (Conferência Episcopal Portuguesa, 2018b, p. 92).

> A comunhão com a Igreja, propiciada no batismo, é tripla: comunhão de fé, comunhão eclesial e comunhão eucarística.

Como mencionamos no início da seção, passamos a ser partícipes da tríplice múnus de Cristo: tornamo-nos sacerdotes, profetas e reis.

As nossas **funções sacerdotais** incluem a participação na liturgia, no sacrifício e na santificação da vida diária, no martírio, na virgindade voluntária, no matrimônio, na aceitação e oferecimento do sofrimento, da doença e da morte.

A **dimensão profética** encontra o seu fundamento nas palavras que São Pedro usou para descrever os cristãos: "raça escolhida [...] para que publiqueis as virtudes daquele que das trevas vos chamou à sua luz maravilhosa" (1Pe 2,9).

A **função de realeza** está alicerçada na ideia de que recebemos a missão de construir um reino que não é deste mundo, mas que começa neste mundo (Cl 1,15-20; Ef 1,3-23).

A comunhão com a Igreja, propiciada no batismo, é tripla: comunhão de fé, comunhão eclesial e comunhão eucarística. A eucaristia é o clímax de todos os sacramentos, ou seja, todos estamos destinados a ela. O batismo nos Atos dos Apóstolos era visto como a recepção na comunidade cristã (At 2,37-41).

É claro que não se trata apenas de uma diferença de grau o que separa o **sacerdócio comum** dos fiéis do **sacerdócio ministerial**. Este último é essencial, mas não acarreta uma diferença de dignidade.

> O sacerdócio comum dos fiéis e o sacerdócio ministerial ou hierárquico, embora se diferenciem essencialmente e não apenas em grau, ordenam-se mutuamente um ao outro; pois um e outro participam, a seu modo, do único sacerdócio de Cristo. Com efeito, o sacerdote ministerial, pelo seu poder sagrado, forma e conduz o povo sacerdotal, realiza o sacrifício eucarístico fazendo as vezes de Cristo e oferece-o a Deus em nome de todo o povo; os fiéis, por sua parte, concorrem para a oblação da Eucaristia em virtude do seu sacerdócio real, que eles exercem na recepção dos sacramentos, na oração e ação de graças, no testemunho da santidade de vida, na abnegação e na caridade operosa. (Paulo VI, 1964a)

É importante notarmos, diferentemente do que prega o indiferentismo religioso, que a vontade de Deus é que todos sejamos salvos; porém, Deus é "o Salvador de todos os homens, sobretudo dos fiéis" (1Tm 4,10). O próprio Cristo falou da necessidade da fé e do batismo (Mc 16,16; Jo 3,5) e, ao mesmo tempo, da Igreja.

1.3.4 Fundamento da comunhão entre todos os cristãos

A oração de Cristo é que todos sejamos um, como Ele é com o Pai. Podemos entender que o desejo do nosso Mestre é que todos, um dia, comunguemos da mesma fé e do mesmo pão da vida.

O caráter sacramental do batismo cria unidade dentro da Igreja e derruba qualquer discriminação, pois todos que são batizados se revestem de Cristo e, conforme mencionamos anteriormente, tornam-se um só perante Ele, sem distinções. É por isso que na Igreja cabem todas as culturas, raças e etnias – a única exigência é a conversão delas à fé e à moral cristãs.

1.3.5 Marca espiritual indelével

Denominado *caráter*, o selo que nos marca no batismo é eternamente indelével; tornamo-nos, por meio dele, propriedades de Cristo. "Pecado algum apaga esta marca, se bem que possa impedir o Batismo de produzir frutos de salvação. Dado uma vez por todas, o Batismo não pode ser reiterado" (CIC, 2000, n. 1272, p. 353). Em outras palavras, esse sacramento apresenta um caráter *hapax*[8], que se manifesta em nossas vidas por meio da oferenda crística (Hb 7, 27):

> O batismo não se repete, aconteça o que acontecer. É um *selo*, diz o Oriente, em consonância com as Escrituras. Ele imprime um caráter, afirma o Ocidente, em conformidade com Agostinho. Sob as duas imagens, a Igreja quer falar de um estado estável e irreversível que orienta a existência humana e sua história. (Bourgeois; Sesboüé; Tihon, 2013, p. 261)

De acordo com esses autores, o batismo não é somente uma condição espiritual e jurídica para recebermos os demais sacramentos, visto que cada um deles carrega características batismais em suas respectivas essências. Sempre retornamos à graça batismal (Bourgeois; Sesboüé; Tihon, 2013).

---

8 *Hapax legomenon* é uma palavra grega referente ao que é "falado só uma vez"; ela aparece apenas uma vez em todo o conjunto da Bíblia.

Além disso, crermos que o selo batismal imprime um caráter indelével supõe, também, um modo de vida de acordo com a fé. Trata-se de uma marca eterna que nos acompanhará eternamente, seja no céu, para sua alegria plena, seja no inferno, como motivo eterno de condenação. Esse selo convida constantemente a uma ação de graças pela salvação e, como todo sacramento, é um culto prestado a Deus (SC 59) – em outras palavras, um estado de permanente louvor a Deus (Bourgeois; Sesboüé; Tihon, 2013).

Síntese

Neste capítulo, tocamos em três pontos. Primeiramente, recorremos à Sagrada Escritura para salientar algumas figuras e profecias do Antigo Testamento sobre o sacramento do batismo. Também abordamos as opiniões de alguns teólogos da Idade Média a respeito do momento exato da instituição do batismo por Cristo. Com base na análise desses discursos e da própria Bíblia, pudemos concluir que não houve um momento específico de instituição do batismo por Cristo, mas vários. Isso também nos permite perceber que esse sacramento não é fruto de uma evolução teológica dos rituais do Antigo Testamento, e sim criação de Cristo.

Em segundo lugar, tratamos dos testemunhos dos primeiros séculos da Igreja, indicando comentários dos próprios Padres. Nesse sentido, apresentamos especialmente três documentos antigos que revelam com detalhes como o batismo era realizado nas primeiras comunidades cristãs: A Apologia de São Justino, a *Didaqué* e a Tradição Apostólica.

Por fim, analisamos os efeitos do batismo, principalmente aqueles que foram destacados pelo Catecismo da Igreja: a remissão dos pecados; a transformação em nova criatura; a incorporação à Igreja; o fundamento da comunhão entre todos os cristãos; e o caráter indelével que esse sacramento produz na alma de quem o recebe.

Atividades de autoavaliação

1. A Bula sobre a união com os armênios "Exsultate Deo", de 22 de novembro de 1439, utiliza uma expressão para se referir ao sacramento do batismo. No começo de nosso capítulo, nós a relembramos. Trata-se de uma expressão usada pelo próprio Catecismo da Igreja Católica, que explica que o batismo é a entrada da Igreja, a sua porta. A qual expressão nos referimos?
   a) *Vitae Spiritualis ianua* (Janela da vida espiritual).
   b) Sacramento da entrada.
   c) *Sacramentum caritatis* (Sacramento do amor).
   d) *Mysterium fidei* (Mistério da fé).

2. No Antigo Testamento, há várias figuras e profecias a respeito do sacramento do Batismo. Analise as figuras e profecias a seguir e indique qual o apóstolo Paulo interpretou como uma figura batismal em 1Cor 10,2:
   a) A vitória de Davi contra Golias.
   b) A deportação do Povo de Israel para a Babilônia.
   c) A profecia de Malaquias 1, 11.
   d) A passagem de Israel pelo Mar Vermelho.

3. Batismo é uma palavra que vem do grego – *baptizein* – e significa "submergir" ou "introduzir na água". O livro dos Atos dos Apóstolos está repleto de passagens relacionadas ao batismo. Analise os itens a seguir, que podem indicar o que todas essas passagens têm em comum.
   I. O anúncio da Palavra.
   II. A aceitação da mensagem pela fé.
   III. O uso da água na cerimônia.
   IV. Ocorre na entrada à comunidade e fala-se de Espírito.

Assinale a alternativa que apresenta a resposta correta:
a) Apenas a afirmação I está correta.
b) Apenas a afirmação III está correta.
c) Apenas as afirmações II e IV estão corretas.
d) Todas as afirmações estão corretas.

4. Uma discussão que perpassou os séculos refere-se à origem do sacramento do batismo, ou seja, em qual momento exatamente Jesus instituiu esse sacramento. Analise as afirmações a seguir e marque V para as verdadeiras e F para as falsas.
( ) Na pregação de São João Batista (Lc 3, 16).
( ) No diálogo de Cristo com Nicodemos (Jo 3, 5).
( ) No dia da sua ascensão aos céus (Mt 28, 19).
( ) Não há um momento único, dado que Jesus, ao subir aos céus, ordenou que seus discípulos o administrassem.

Assinale a alternativa que apresenta a sequência correta.
a) V, F, F, F.
b) F, F, F, V.
c) V, V, F, F.
d) F, V, F, F.

5. O batismo produz diversos efeitos na alma de quem o recebe. Assinale aquele que **não** se caracteriza como efeito do batismo, conforme indica o Catecismo da Igreja Católica:
a) Remissão dos pecados.
b) Impressão de um caráter temporário, que dura só durante a vida nesse mundo.
c) Incorporação à Igreja.
d) Fundamento da comunhão entre os cristãos.

Atividades de aprendizagem

Questões para reflexão

1. Vivemos em um mundo hiperconectado. Aparentemente, o ser humano se sente plenamente feliz ao expor nas redes sociais sua vida privada e seus mais íntimos pensamentos e sentimentos. Contudo, em muitos casos, tal exposição pessoal não passa de uma busca de autoafirmação desenfreada. Não seria essa uma busca pela purificação interior, conforme abordamos no texto? Pense nas formas pelas quais o ser humano atualmente busca a purificação interior e tente ver a veracidade ou não da seguinte afirmação feita neste capítulo: "O sacramento do batismo responde também a um desejo natural do ser humano de ser purificado".

2. Os primeiros cristãos tinham muitas lembranças dos acontecimentos da vida de Cristo e dos apóstolos. As histórias e testemunhos passavam de boca em boca, de geração em geração. Nessa época, o coração dos cristãos ainda ardia pelos acontecimentos da paixão, morte e ressurreição de Cristo Senhor. Hoje em dia, é verdade que o batismo, em muitos lugares, assemelha-se a um compromisso social? Ou podemos dizer que ainda existem cristãos que valorizam esse sacramento pelo que ele realmente é?

Atividade aplicada: prática

1. O batismo é a porta dos sacramentos, a porta da Igreja. Com base nessa afirmação, faça um fichamento do livro *A fé explicada*, de Leo J. Trese.

   TRESE, L. J. **A fé explicada**. 25 jun. 1981. Disponível em: <https://portalconservador.com/livros/Pe-Leo-Trese-A-Fe-Explicada.pdf>. Acesso em: 1º fev. 2018.

2
O batismo: da matéria e forma aos aspectos pastorais[1]

---
[1] Todas as passagens bíblicas indicadas neste capítulo são citações de Bíblia (2000).

No primeiro capítulo, abordamos a origem bíblica e os testemunhos da Tradição a respeito do sacramento do batismo. Neste capítulo, daremos mais um passo. Sem a pretensão de abranger absolutamente tudo sobre esse sacramento, observaremos como os católicos vivem atualmente a celebração e como se preparam para receber o Pão dos Anjos[2].

---

2 *Pão dos Anjos*, em latim, *Panis Angelicus*, é uma expressão contida no hino composto por São Tomás de Aquino para a festa do *Corpus Christi*.

Nessa segunda parte sobre o batismo, trataremos também das concepções de teólogos escolásticos por meio do conceito aristotélico de matéria e forma, a fim de verificar de que maneira eles definiram esse sacramento.

Outras questões que buscaremos esclarecer sobre o batismo são: quem é o ministro ordinário desse sacramento, quem pode recebê-lo, o batismo de crianças, alguns exageros dos reformadores e a polêmica das crianças que morrem sem recebê-lo.

2.1 Matéria e forma

O aristotelismo[3] é o responsável por introduzir a distinção de matéria e forma no pensamento ocidental. Mas como esse conceito foi terminar na teologia? Bem, para os antigos, a filosofia era considerada serva da teologia[4].

Em termos filosóficos, a matéria é vista como indeterminação, e a forma, como determinação, dado que, ao dar-lhe o ser, a forma o determina a ser isso e não aquilo. A essa composição de matéria e forma damos o nome de **substância da coisa**.

Sem entrarmos no campo dos sacramentos propriamente dito e muito menos na filosofia, podemos afirmar que a vantagem dessa ideia

---

3 Entende-se por aristotelismo o conjunto de pensamentos do filósofo grego Aristóteles (384 a.C.-322 a.C.).

4 *Philosophia ancilla theologiae* (*a filosofia é serva da teologia*) é uma expressão atribuída ao bispo italiano Petrus Damiani (1006-1072). Como uma breve digressão, deixemos o próprio São João Paulo II explicar-nos esse conceito: "É precisamente no sentido de uma contribuição indispensável e nobre que a filosofia foi chamada, desde a Idade Patrística, *ancilla theologiae*. De fato, o título não foi atribuído para indicar uma submissão servil ou um papel puramente funcional da filosofia relativamente à teologia; mas no mesmo sentido em que Aristóteles falava das ciências experimentais como 'servas' da 'filosofia primeira'. A expressão, hoje dificilmente utilizável devido aos princípios de autonomia antes mencionados, foi usada ao longo da história para indicar a necessidade da relação entre as duas ciências e a impossibilidade de uma sua separação" (João Paulo II, 1998, 77b).

aristotélica aplicada aos sacramentos é o interesse em se definir o que é essencial e o que é somente ornamental. Tal esforço, que não está isento de certo legalismo, busca determinar com exatidão a matéria e a forma de cada sacramento – algo útil para discernir a validade ou não deles.

Certamente, um inconveniente dessa terminologia é tratar os sacramentos mais como *coisas* ("substâncias", no sentido metafísico) do que como *ações*. Isso deixa um pouco de lado o aspecto mais cultual e relacional do sacramento.

2.1.1 Matéria

A teologia dividiu a matéria em dois novos conceitos: 1) **matéria remota** – coisas materiais utilizadas no sacramento; e 2) **matéria próxima** – os gestos que acompanham o uso dessas coisas.

Matéria remota

No sacramento do batismo, a matéria remota é a **água natural**. No entanto, há três categorias de água: água natural, água duvidosa e certas substâncias inválidas.

A **água natural** é aquela que normalmente encontramos na natureza: chuva, nascentes, rios, mar etc. O importante é que predomine a água.

A **água duvidosa** é aquela que é difícil determinar se há predominância de água ou não, como o caso da água de rosas. Santo Tomás de Aquino, em *Summa Theologiae III* (q. 66, a. 4), declarou que a "água de rosas é um líquido exprimido das rosas, pelo qual não é possível constituir matéria do batismo" (Haffner, 2000, p. 43, tradução nossa). No caso de perigo de morte, a utilização de matéria duvidosa válida pode se tornar necessária. Se existir dúvida sobre sua validade, pode-se usar tal matéria condicionalmente acrescentando à fórmula as palavras: "Se esta matéria é válida, N, eu te batizo...".

Por fim, há as **substâncias inválidas**, que, de acordo com São Basílio: 1) nunca foram água (Haffner, 2000); ou 2) foram transformadas ao ponto de perder todo seu simbolismo de purificação – por exemplo, café, saliva, chá, sopa ou caldo de carne e misturas de água com outra substância predominante.

A água a ser usada no batismo deve ser abençoada antes do rito, prática datada do século II (Haffner, 2000). No entanto, a bênção da água não é necessária para a eficácia do batismo, tendo em vista que há casos de emergência em que, na falta de um ministro ordenado, um leigo ou não cristão pode realizar o rito batismal. Nesses casos, a água não pode ser abençoada, pois é necessário o sacramento da ordem para isso.

Matéria próxima

O modo como a água é usada no rito sacramental do batismo é o que chamamos de *matéria próxima*. Como apontamos anteriormente, *batismo* significa "imergir". Essa imersão pode remeter tanto ao nosso sepultamento com Cristo, conforme proposto pelo apóstolo São Paulo (Rm 6,1-11), quanto ao próprio ritual de imergir na água como forma de purificação e entrega a Deus. Podemos citar como exemplo desse ritual o episódio em que o apóstolo Filipe, tocado pelo Espírito, aproxima-se do ministro da Rainha Candace, da Etiópia, que está lendo o profeta Isaías. Filipe questiona se o homem entende o que lê, mas este responde que lhe falta entendimento. Filipe, então, propõe-se a auxiliá-lo. Quando o funcionário o questiona, após encontrarem água, o que o impede de batizá-lo, o apóstolo afirma que basta ele crer em Cristo de todo o coração. Ao eunuco afirmar que crê em Cristo, Filipe aceita batizá-lo (At 8,27-38). Esse episódio contempla o significado da imersão em sua totalidade, mostrando que é necessário imergir em Cristo, crer em Seu poder.

> É necessário que a água realmente simbolize a lavagem para que lembremos que o sacramento realiza aquilo que significa: purificação.

Haffner (2000, p. 44, tradução nossa) afirma que "devemos supor que quando três mil pessoas foram batizadas (At 2,41) e quando se administrou o batismo na prisão (At 16,33), o rito foi realizado derramando água". Nesse sentido, é difícil pensar que um rio corria no meio da prisão. Subentende-se que o ritual tenha sido realizado por **infusão**.

Tertuliano, São Cipriano e Santo Agostinho mencionam um terceiro método: o da **aspersão**. Somando-se esse aspectos, há três modos concretos de administrar a água usada no batismo: **imersão, infusão** e **aspersão**. Hoje em dia predomina o modo por infusão, apesar de algumas novas comunidades, como o caminho neocatecumenal[5], preferirem a imersão. O importante é que a água corra, não bastando um dedo úmido na cabeça da criança ou, simplesmente, a utilização de um aerossol; é necessário que a água realmente simbolize a lavagem para que lembremos que o sacramento realiza aquilo que significa: purificação.

2.1.2 Forma

Existem duas formas de se realizar o batismo: uma usada no Ocidente, e outra no Oriente. No Ocidente, usamos a "N, eu te batizo em nome do Pai, do Filho e do Espírito Santo"; no Oriente, a forma é utilizada na voz passiva: "O Servo de Deus, N, é batizado em nome do Pai, do Filho e do Espírito Santo".

Alguns estudiosos veem a origem dessa mudança no Oriente devido à heresia novaciana[6], que pregava a necessidade da fé do ministro para

---

5 O caminho neocatecumenal é um itinerário de formação católica fundado na Espanha, em 1964, por Francisco José Gómez Arguello (Kiko Argüello) e Carmen Hernández.

6 Criado por Novaciano de Roma (200-258), o novacionismo foi um movimento que surgiu após o imperador romano Décio (201-251) ordenar a perseguição de cristãos. Essa seita se recusava a aceitar os cristãos que apostataram durante a perseguição, exigindo um novo batismo como forma de readmissão na Igreja – indo, portanto, de encontro aos preceitos da Igreja Católica (Bertoldo, 2016).

validar o sacramento. Sendo assim, para eliminar essa falsa ideia, os bispos retiraram qualquer protagonismo do ministro[7].

Uma discussão antiga levantou a seguinte questão: Para a realização do batismo, é necessário utilizar a fórmula trinitária ou poder-se-ia utilizar também a fórmula cristológica? De fato, várias passagens do Novo Testamento falam do batismo em "nome de Jesus Cristo" (At 2,38), "no nome do Senhor Jesus" (At 8,16), "em Jesus Cristo" (Rm 6,3) e "em Cristo" (Gl 3,27).

Durante a época patrística e a Idade Média, foi aceita com frequência a fórmula batismal "em nome do Senhor Jesus". Houve até pareceres pontifícios em ambas as direções: em 559, o Papa Pelágio I (?-561) condenou o batismo somente em nome de Jesus e declarou que era necessário a fórmula trinitária (Haffner, 2000). No entanto, em 886, o Papa Nicolau I (820-867) considerou válido o batismo cristológico. Alguns teólogos da Idade Média, como Hugo de São Vitor (1096-1141) e Pedro Lombardo (1100-1160), também consideraram válida essa fórmula. No entanto, autores como Santo Alberto Magno (1200-1280), São Boaventura (1221-1274) e Santo Tomás de Aquino (1225-1274) acreditavam que ela só foi válida durante o período apostólico, devido a uma particular revelação do Senhor (Haffner, 2000).

Em 1439, apareceu uma posição firme na Igreja Católica, no Concílio de Florença, que declarou que era preciso utilizar a fórmula trinitária. Hoje em dia, na discussão ecumênica, a Igreja Católica considera necessária a fórmula trinitária para considerar válido o batismo recebido em outras denominações cristãs.

A forma deve expressar o ato de batizar, visto que, se tal ato não for mencionado, o batismo não se distinguirá de uma simples bênção[8]. Essa

---

7 De acordo com o Decreto para os Armênios, há uma segunda fórmula oriental da forma possível: "Seja batizado o tal servo de Cristo em nome do Pai e do Filho e do Espírito Santo" (Denzinger, 2007, p. 362).

8 Condenação do Santo Ofício do erro jansenista de que o batismo pode ser válido sem a frase "Eu te batizo" (Denzinger, 2007, p. 526).

determinação surgiu para combater o erro jansenista[9] de que não eram necessárias as palavras "Eu te batizo".

Assim, podemos sintetizar o ritual de batismo da seguinte maneira:

- O ministro e o ato de batizar estão incluídos na expressão "Eu te batizo".
- Deve-se falar o nome da pessoa que será batizada para especificar quem o está recebendo.
- A unidade da essência divina aparece na fórmula "em nome do...".
- A Trindade das pessoas divinas deve ser mencionada explicitamente.

Na Antiguidade, podemos encontrar testemunhos da tríplice imersão na água, assim como de cristãos derramando três vezes a água na cabeça do candidato e pronunciando a fórmula trinitária. Como podemos perceber, a Igreja nunca inventou os gestos e as palavras de nenhum sacramento, visto que sempre ouviu a voz da Tradição, do Magistério e da Sagrada Escritura, esforçando-se sempre ao máximo para entender o essencial da administração de cada sacramento.

2.2 O ministro e o destinatário

São ministros ordinários do batismo o bispo, o presbítero e o diácono. Obviamente, como em qualquer outro sacramento, o ministro principal

---

[9] Conjunto de princípios religiosos criado por Cornelius Otto Jansenius (1585-1638), bispo de Ipres. De acordo com essa doutrina, não há livre-arbítrio (teoria da predestinação) e a essência humana é ruim. Devido a essas ideias, Jansenius foi condenado como herege pela Igreja Católica mediante a bula *Ad sacram*, subscrita pelo Papa Alexandre VII. Posteriormente, essa doutrina motivou um movimento político chamado *jansenismo teológico*, entre os séculos XVII e XVIII, que consistia na oposição dos religiosos da abadia de Port-Royal ao rei Luís XIV (Houaiss; Villar, 2009).

do batismo é o bispo – daí a obrigatoriedade de avisá-lo sobre o batismo de qualquer pessoa adulta da diocese em questão (CDC, 2007).

O batismo, no entanto, pode ser administrado por qualquer cristão ou até por um não cristão. Basta este último ter a intenção de fazer o que a Santa Igreja faz quando administra tal sacramento.

Existem certas circunstâncias que permitem ao bispo nomear um leigo como ministro ordinário do batismo[10].

2.2.1 Pessoas aptas a receber o batismo

Em primeiro lugar, aqueles que ainda não foram batizados. A tradição da Igreja permite que tanto crianças quanto adultos recebam esse sacramento. Há situações no Novo Testamento em que podemos supor que famílias inteiras foram batizadas – por exemplo, em At 10,44-48 e 1Cor 1,16. Quando uma família inteira recebe o sacramento, é de se supor que também as crianças foram alcançadas.

Tertuliano (160-220) deixou registrado a existência de batismo de crianças já no século II, no Ocidente. Confirmando esse dado, Orígenes (185-254) indicou, por volta do ano 250 d.C., essa prática como "usual desde os tempos dos apóstolos" (Orígenes, citado por Haffner, 2000, p. 47, tradução nossa). Segundo Haffner (2000, p. 48, tradução nossa), também "no século XIII o Papa Inocêncio III explicou que as crianças pequenas devem ser batizadas, embora ainda não sejam capazes de tomar decisões próprias"[11].

Existem dois tipos de pecado: o pessoal, no qual caímos pelo nosso próprio consentimento; e o original, com o qual já nascemos. Com o

---

10 Instrução *Ecclesiae de mysterio* sobre certas questões referentes à colaboração dos fiéis não ordenados no ministério sagrado do sacerdote (Vaticano, 1997).

11 Cf. Carta a Imberto, arcebispo de Arles, em Denzinger (2007, p. 273-275).

batismo da criança, o pecado original é também apagado sem o consentimento dela.

O Concílio de Trento[12] rejeitou o erro dos anabatistas[13], que afirmavam ser unicamente válido o batismo dos adultos, alegando que as crianças ainda não tinham condições de fazer uma profissão de fé.

Ultimamente, com a *Pastoralis actio*, instrução da Sagrada Congregação para a Doutrina da Fé (1980), a Igreja voltou a renovar e confirmar sua tradição sobre o batismo das crianças recém-nascidas. Atualmente, é importante reacender esse bom hábito, dado que muitas famílias estão atrasando o batismo dos menores a fim de querer deixá-los escolher a própria religião. Não é questão de poder escolher ou não: um cristão consciente de seu batismo deseja ardentemente passar adiante o grandíssimo dom recebido.

Em muitos ambientes, defende-se a tese de que administrar o batismo às crianças seria um atentado à sua liberdade. De acordo com a Instrução *Pastoralis Actio*, "seria contra a dignidade da pessoa impor-lhes obrigações religiosas, que terão de observar no futuro e que, mais tarde, elas virão talvez a recusar. Seria melhor não conferir o Sacramento senão naquela idade em que se tenha tornado possível um compromisso livre" (Sagrada Congregação para a Doutrina da Fé, 1980). Contudo, o mesmo documento aponta o seguinte:

> tal posição é absolutamente ilusória: não existe liberdade humana assim tão pura, que possa considerar-se absolutamente imune de todos os condicionamentos. Mesmo no plano natural os pais fazem para os seus filhos opções indispensáveis à vida destes e à sua orientação para os verdadeiros valores. Um modo de comportar-se

---

12 Décimo nono concílio ecumênico da Igreja Católica, realizado na cidade de Trento, na Itália, entre 1545 e 1563. Cf. Concílio de Trento, sétima seção, cânones 11-13 sobre o sacramento do batismo (Denzinger, 2007, n. 1600-1630, p. 415).

13 Seita cristã que rebatizava todos os seus seguidores na idade adulta, considerando que o batismo só era válido com a aceitação consciente da fé e, consequentemente, rejeitando o batismo de crianças realizado pelos católicos, protestantes e demais igrejas cristãs.

da família que pretendesse ser neutral em relação à vida religiosa da criança, na prática acabaria por ser uma escolha negativa, que a privaria dum bem essencial. (Sagrada Congregação para a Doutrina da Fé, 1980)

Obviamente, a Igreja não sai pelos bairros e cidades batizando crianças a torto e a direito; há uma legislação canônica sobre o tema. O Código de Direito Canônico (CDC), no Cânone 868, desenha o quadro essencial para que seja lícito o batismo de um infante:

Cân. 868 § 1. Para que uma criança seja licitamente batizada, é necessário que:

1º os pais, ou ao menos um deles ou quem legitimamente faz as suas vezes, consintam;

2º haja fundada esperança de que será educada na religião católica; se essa esperança faltar de todo, o batismo seja adiado segundo as prescrições do direito particular, avisando-se aos pais sobre o motivo.

§ 2. Em perigo de morte, a criança filha de pais católicos, e mesmo não católicos, é licitamente batizada mesmo contra a vontade dos pais. (CDC, 2007, p. 231)

Notemos também nesse cânone que, no parágrafo 2º, o CDC se deixa reger pela lei suprema que orienta todo o direito na Igreja: a salvação das almas, mesmo contra a vontade dos pais.

Existe ainda uma última consideração sobre quem pode receber o batismo, de acordo com o Cân. 869: a pessoa deve ser batizada se persistir a dúvida, mesmo após investigação, sobre ela já ter sido ou não batizada (CDC, 2007).

2.3 Aspectos pastorais

Os aspectos principais de um batismo são a ação de lavar e as palavras que a acompanham. Sem esses dois elementos, não haveria batismo (Moliné, 1999). Contudo, ao longo dos séculos, outras etapas foram sendo acrescentadas a esse núcleo essencial: a renúncia a Satanás e a profissão de fé; a unção pré-batismal com o óleo dos catecúmenos para indicar que o cristão deve sempre estar preparado para a luta; a unção pós-batismal com o óleo do crisma para indicar que o batizado recebeu o óleo régio dos fiéis e foi incorporado à Cristo e à Igreja; e a entrega de um círio aceso, que é símbolo da luz recebida e que deve ser guardada (Moliné, 1999).

O Cân. 872 do CDC (2007) determina que, quando possível, seja dado um padrinho ao batizando, que pode ser uma pessoa ou um casal. O propósito do padrinho não é meramente social, visto que há uma função espiritual de acompanhar o batizando adulto na iniciação cristã e, junto com os pais, apresentar ao batismo o batizando criança, além de acompanhá-lo por toda a vida e ajudá-lo no seu caminho ao céu.

> Os aspectos principais de um batismo são a ação de lavar e as palavras que a acompanham.

Para que o padrinho possa desenvolver bem a função, é importante que ele seja católico, esteja crismado, tenha recebido a primeira comunhão, leve uma vida cristã, tenha 16 anos ou mais e não seja o pai ou a mãe do batizando. Caso a pessoa escolhida não seja católica, ela poderá presidir a cerimônia apenas como testemunha, devendo haver um padrinho católico (CDC, Cân. 874, 2007).

2.3.1 Ritual do batismo de várias crianças[14]

Para fortalecer o que foi ensinado até aqui, a seguir apresentaremos partes da cerimônia de batismo. A teologia batismal se encontra em todos os detalhes e gestos característicos do rito.

Em primeiro lugar, na medida do possível, o batismo deve ser celebrado no domingo, pois esse é o dia em que a Igreja celebra o mistério pascal. A cerimônia deve ser realizada, de preferência, em uma missa comunitária ou na presença de parentes, vizinhos e amigos. Os pais, acompanhados pelos padrinhos, são os responsáveis por apresentar o filho.

Saudação e monição inicial

36. O celebrante saúda os presentes, sobretudo os pais e os padrinhos, lembrando em poucas palavras a alegria com que os pais receberam os filhos como dom de Deus, que é a fonte de toda a vida e agora lhes quer dar a sua vida.

Diálogo com os pais e os padrinhos

37. O celebrante interroga, em primeiro lugar, os pais de cada criança:

Celebrante:
Que nome dais ao vosso filho?
[ou: Que nome escolhestes para o vosso filho?]

Pais: N.

Celebrante:
Que pedis à Igreja de Deus para N.?

---

[14] Acompanharemos, neste tópico, o ritual de batismo da Conferência Episcopal Portuguesa (2018b).

Pais:
O Batismo.
[...]

39. Então o celebrante dirige-se aos pais com estas palavras ou outras semelhantes:

Caríssimos pais:
Pedistes o Batismo para os vossos filhos. Deveis educá-los na fé, para que, observando os mandamentos, amem a Deus e ao próximo, como Cristo nos ensinou. Estais conscientes do compromisso que assumis?

Pais:
Sim, estamos.
[...]

40. Dirigindo-se depois aos padrinhos, o celebrante interroga-os com estas palavras ou outras semelhantes:

E vós, padrinhos, estais decididos a ajudar os pais destas crianças nesta sua missão?
Padrinhos, ao mesmo tempo:
Sim, estamos.

41. O celebrante continua, dizendo:

N. e N. (ou: Filhinhos):
É com muita alegria que a comunidade cristã vos recebe. Em seu nome, eu vos assinalo com o sinal da cruz, e, depois de mim, os vossos pais (e padrinhos) vão também assinalar-vos com o mesmo sinal de Cristo Salvador.

E faz o sinal da cruz na fronte de cada criança, sem dizer nada. Depois convida os pais e, se parecer oportuno, os padrinhos, a fazerem o mesmo.

Celebração da palavra de Deus

42. O celebrante convida os pais, os padrinhos e demais pessoas presentes a participarem na celebração da palavra de Deus. Se as circunstâncias o permitirem, faz-se uma procissão com um cântico, por exemplo o **Salmo 84, 7.8.9ab**, até ao lugar previsto.

43. As crianças que vão ser batizadas podem levar-se para um lugar à parte, até ao fim da celebração da palavra de Deus.

Leituras bíblicas e homilia

44. Lê-se uma ou outra das perícopas seguintes, podendo todos estar sentados, se parecer oportuno.

[…]

45. Depois das leituras, o celebrante faz uma breve homilia, para ilustrar o que foi lido, e para dispor as pessoas presentes a entenderem mais profundamente o mistério do Batismo e a abraçarem com alegria a missão que dele nasce, sobretudo para os pais e padrinhos.

46. Depois da homilia ou da ladainha, ou durante a própria ladainha, recomenda-se um tempo de silêncio, durante o qual, a convite do celebrante, todos oram em seu coração. Depois, se for oportuno, canta-se um cântico apropriado […].

Oração dos fiéis

47. A seguir faz-se a oração dos fiéis

[…]

48. Depois o celebrante convida os presentes a invocar os Santos (neste momento trazem-se de novo as crianças para a igreja, se antes tiverem sido levadas para outro lugar):

Celebrante:
Santa Maria, Mãe de Deus,

Todos:
Rogai por nós.

Celebrante:
São João Batista,

Todos:
Rogai por nós.

Celebrante:
São José,

Todos:
Rogai por nós.

Celebrante:
São Pedro e São Paulo,

Todos:
Rogai por nós.

Convém acrescentar os nomes de outros Santos, principalmente dos que são patronos das crianças e da igreja ou do lugar.
Depois conclui-se:

Celebrante:
Todos os Santos e Santas de Deus,

Todos:
Rogai por nós.

Oração de exorcismo e unção pré-batismal

49. Terminadas as invocações, o celebrante diz:
Deus todo-poderoso e eterno,
que enviastes ao mundo o vosso Filho

para expulsar de nós o poder de Satanás, espírito do mal,
e transferir o homem, arrebatado às trevas,
para o reino admirável da vossa luz,
humildemente Vos pedimos que estas crianças,
libertadas da mancha original,
se tornem morada do Espírito Santo
e templo da vossa glória.
Por Nosso Senhor Jesus Cristo, vosso Filho,
que é Deus convosco na unidade do Espírito Santo.

Todos:
Amen.

50. O celebrante continua:
O poder de Cristo Salvador vos fortaleça.
Em sinal desse poder vos fazemos esta unção,
em nome do mesmo Cristo nosso Senhor,
que vive e reina por todos os séculos.

Todos:
Amen.

Cada um dos batizandos é ungido, no peito, com o óleo dos catecúmenos. Se as crianças forem muito numerosas, pode recorrer-se a vários ministros.

[...]

Procissão até ao batistério

52. Em seguida, se o batistério é fora da igreja ou fora da vista dos fiéis, vai-se até lá em procissão.

Se, porém, está colocado à vista da assembleia, o celebrante, e os pais e padrinhos com as crianças aproximam-se dele, enquanto os demais permanecem nos seus lugares.

Se o batistério não tem espaço para conter todas as pessoas presentes, o Batismo pode ser celebrado num local mais apto dentro da igreja, aproximando-se os pais e padrinhos no momento oportuno.

[...]

Celebração do batismo

Monição

53. Quando tiverem chegado à fonte batismal, o celebrante recorda, em breves palavras, aos presentes, o desígnio admirável de Deus que quis santificar, pela água, a alma e o corpo do homem.

[...]

Renunciação e profissão de fé

56. O celebrante faz a seguinte monição aos pais e padrinhos:

Caríssimos pais e padrinhos:

No sacramento do Batismo, as crianças por vós apresentadas vão receber do amor de Deus uma vida nova, pela água e pelo Espírito Santo.

Procurai educá-las de tal modo na fé, que essa vida divina seja defendida do pecado que nos cerca e nelas cresça de dia para dia.

Se, guiados pela fé, estais preparados para assumir esta missão, recordai o vosso Batismo, renunciai agora, de novo, ao pecado e professai a vossa fé em Jesus Cristo, que é a fé da Igreja, na qual as crianças são batizadas.

57. Depois interroga-os:

Celebrante:
Dizei-me, pois: Renunciais a Satanás?

Pais e padrinhos:
Sim, renuncio

Celebrante:
E a todas as suas obras?

Pais e padrinhos:
Sim, renuncio.

Celebrante:
E a todas as suas seduções?

Pais e padrinhos:
Sim, renuncio.

Ou

Celebrante:
Dizei-me, pois: Renunciais ao pecado, para viverdes na liberdade dos filhos de Deus?

Pais e padrinhos:
Sim, renuncio.

Celebrante:
Renunciais às seduções do mal, para que o pecado não vos escravize?

Pais e padrinhos:
Sim, renuncio.

Celebrante:
Renunciais a Satanás, que é o autor do mal e pai da mentira?

Pais e padrinhos:
Sim, renuncio.

58. Em seguida, o celebrante pede a tríplice profissão de fé aos pais e padrinhos, dizendo: Celebrante:
**Credes em Deus, Pai todo-poderoso,
criador do céu e da terra?**

Pais e padrinhos:
Sim, creio.

Celebrante:
**Credes em Jesus Cristo, seu único Filho, Nosso Senhor,
que nasceu da Virgem Maria,
padeceu e foi sepultado,
ressuscitou dos mortos
e está sentado à direita do Pai?**

Pais e padrinhos:
Sim, creio.

Celebrante:
**Credes no Espírito Santo, na santa Igreja católica,
na comunhão dos santos, na remissão dos pecados, na ressurreição da carne e na vida eterna?**

Pais e padrinhos:
Sim, creio.
[...]

Batismo

60. O celebrante convida a primeira família a aproximar-se da fonte batismal. Depois de conhecer o nome da criança, pergunta aos pais e padrinhos:

Celebrante:
Quereis, portanto, que N. receba o Batismo na fé da Igreja, que todos, convosco, acabámos de professar?

Pais e padrinhos:
Sim, queremos.

E imediatamente o celebrante batiza a criança, dizendo:
N., eu te batizo em nome do Pai,
imerge a criança ou infunde água a primeira vez
e do Filho,
imerge-a ou infunde água segunda vez
e do Espírito Santo.
imerge-a ou infunde água terceira vez.
[...]

Ritos explicativos
Unção depois do batismo

62. Depois o celebrante diz:
Deus todo-poderoso,
Pai de Nosso Senhor Jesus Cristo,
que vos libertou do pecado e vos deu uma vida nova pela água
e pelo Espírito Santo,
unge-vos com o crisma da salvação,
para que, reunidos ao seu povo,
permaneçais, eternamente,
membros de Cristo sacerdote, profeta e rei.

Todos:
Amen.
[...]

Imposição da veste branca

63. O celebrante diz:
N. e N. (ou: Filhinhos):

Agora sois nova criatura e estais revestidos de Cristo. Esta veste branca seja para vós símbolo da dignidade cristã. Ajudados pela palavra e pelo exemplo das vossas famílias, conservai-a imaculada até a vida eterna.

Todos:
Amen.

E reveste-se cada criança com a veste branca. Não se admite outra cor, a não ser que os costumes locais o exijam. É para desejar que as próprias famílias levem essa veste.

Entrega da vela acesa

64. Depois o celebrante toma o círio pascal e diz:
Recebei a luz de Cristo.

Uma pessoa de cada família (por exemplo o pai ou o padrinho) acende a vela de cada criança no círio pascal.

Depois o celebrante diz:
A vós, pais e padrinhos, se confia o encargo de velar por esta luz, para que os vossos pequeninos, iluminados por Cristo, vivam sempre como filhos da luz, perseverem na fé e, quando o Senhor vier, possam ir ao seu encontro com todos os Santos, no reino dos céus.

Conclusão do rito

Procissão até ao altar

67. Em seguida, a não ser que o Batismo tenha tido lugar no próprio presbitério, vai-se em procissão até ao altar, levando acesas as velas dos batizados.

É para desejar que, entretanto, se cante um cântico batismal, por exemplo:
Vós que fostes batizados em Cristo,
estais revestidos de Cristo.
Aleluia, aleluia.

Oração dominical

68. O celebrante, de pé diante do altar, dirige-se aos pais e padrinhos e a todos os presentes, com estas palavras ou outras semelhantes:
Irmãos caríssimos:
Renascidos pelo Batismo, estes pequeninos são chamados, e são de verdade, filhos de Deus. Pela Confirmação, hão de receber um dia a plenitude do Espírito Santo; aproximando-se do altar do Senhor, participarão da mesa do sacrifício de Cristo; membros da Igreja, hão de chamar a Deus seu Pai. Em nome deles, no espírito de filhos adotivos que todos recebemos, ousamos agora rezar como o Senhor nos ensinou.

69. E todos, juntamente com o celebrante, dizem:
Pai nosso, que estais nos céus, [...]

Bênção e despedida

70. Depois, o celebrante abençoa as mães, que sustentam os seus filhos nos braços, os pais e todos os presentes, dizendo:

Celebrante:
Deus todo-poderoso,
que, por meio do seu Filho Unigênito,
nascido da Virgem Santa Maria,

alegra as famílias cristãs
com a esperança da vida eterna,
Se digne abençoar estas mães,
agradecidas pelo dom de seus filhos,
para que perseverem com eles
em ação de graças para sempre,
em Jesus Cristo, Nosso Senhor.

Todos:
Amen.

Celebrante:
Deus todo-poderoso,
que dá a vida no tempo e na eternidade,
abençoe os pais destas crianças,
para que, juntamente com as esposas,
pela palavra e pelo exemplo,
sejam para seus filhos as primeiras testemunhas da fé,
em Jesus Cristo, Nosso Senhor.

Todos:
Amen.

Celebrante:
Deus todo-poderoso,
que, pela água e pelo Espírito Santo,
nos fez renascer para a vida eterna,
abençoe com infinita bondade estes seus fiéis,
para que sejam, sempre e em toda a parte,
membros vivos do seu povo e gozem da sua paz,
em Jesus Cristo, Nosso Senhor.

Todos:
Amen.

Celebrante:
Abençoe-vos Deus todo-poderoso,

Pai, Filho ✠ e Espírito Santo.

Todos:
Amen.

Celebrante:
Ide em paz e o Senhor vos acompanhe.

Todos:
Graças a Deus.

71. Depois da bênção, se for oportuno, todos cantam um cântico apropriado, que exprima a alegria pascal e a ação de graças, ou o cântico **Magnificat**, de Nossa Senhora.

Fonte: Conferência Episcopal Portuguesa, 2018b, p. 40-67.

 A prática de batizar crianças é muito antiga. Na mentalidade dos primeiros cristãos, tratava-se de prover a própria família do alimento espiritual. Assim como a criança não pode ficar sem o leite materno, da mesma forma os pais cristãos não deixavam seus filhos ficarem sem a graça do batismo. O ritual do batismo que acabamos de ler traz inúmeras ideias sobre os motivos de se batizar uma criança. Não se trata só de um rito seco, mas também de exposições de motivos para se batizar uma criança.

2.3.2 Alguns erros sobre o batismo das crianças

Em sua obra sobre os sacramentos, Haffner (2000) explica alguns erros referentes ao batismo de crianças. A fim de enriquecer esta obra didática, citaremos alguns deles.

De acordo com o autor, os pelagianos[15] "negavam a transmissão do pecado original e subestimavam o valor da graça. Para eles, o ser humano poderia conseguir a salvação com as próprias forças. O 16º Concílio de Cartago[16] do ano 418 se pronunciou contra o erro de Pelágio e afirmou que o batismo verdadeiramente apaga o pecado original" (Haffner, 2000, p. 77, tradução nossa). Já os messalianos[17] e os maniqueus[18] acreditavam que o batismo era opcional. Devido a essas ocorrências, o Concílio de Trento declarou que o batismo é, sim, necessário para a salvação.

Os valdenses[19] permaneceram com uma postura antissacramental com relação ao batismo de crianças, que eles consideravam supérfluo, assim como duvidavam da eficácia do sacramento em perdoar todos os pecados.

Martinho Lutero[20] (1483-1546) acreditava na necessidade do batismo das crianças como um verdadeiro meio de salvação; no entanto, ficou difícil para o pai da Reforma conjugar sua noção de justificação de

---

15 Pelágio da Bretanha (ca. 360-435) foi um religioso bretão, fundador do pelagianismo. Trata-se de uma doutrina que nega a existência do pecado original e a corrupção inata da natureza humana, concebendo o ser humano como responsável pela sua própria salvação. Por esses motivos, foi considerada uma heresia pela Igreja Católica (Horton, 2018).

16 Cf. Concílio de Cartago XVI, Cânone 2, em Denzinger (2007, p. 84).

17 *Euquites ou messalianos*: "aqueles que rezam". Foi uma seita cristã condenada como heresia em 383 d.C. Um dos seus principais erros consistia em dizer que o pecado só era combatido pela oração, e não pela Igreja nem pelo batismo e os sacramentos.

18 Maniqueu ou Manes foi um filósofo cristão do século III. Dividia o mundo em Bom e Mau, Deus e o Diabo, ambos com a mesma força e poder. Ou seja, dualista, em que a matéria é intrinsecamente má, e o espírito, intrinsecamente bom.

19 Pedro Valdo, na Idade Média, iniciou essa denominação cristã que até hoje existe em alguns países, como grupo etnorreligioso.

20 Lutero foi o mais importante iniciador da Reforma Protestante.

salvação somente pela fé com a ideia de um batismo purificador dos pecados. Devido a isso, ele passou a desconsiderar a necessidade do batismo para a salvação, dado que somente a fé tinha um poder salvífico.

Os calvinistas[21] acreditavam que o Espírito Santo suscita a fé diretamente no coração dos crentes, e que tal ação é o rito batismal. Para eles, as crianças nascidas de pais crentes recebem a fé como um dom infuso que as regenera. Como consequência, para os calvinistas, o batismo não era necessário e não fazia falta para a salvação; era simplesmente um sinal do processo de regeneração direta.

Por fim, os modernistas[22] apoiavam o erro de que a necessidade do batismo dependia de um preceito puramente eclesiástico[23].

2.3.3 Batismo de sangue e batismo de desejo

Apesar de Cristo ter associado a salvação à recepção do sacramento do batismo, Deus é muito maior do que qualquer sacramento. Em outras palavras, *"Deus vinculou a salvação ao sacramento do Batismo, mas ele mesmo não está vinculado a seus sacramentos"* (CIC, 2000, n. 1257, p. 350, grifo do original).

No entanto, quanto à infusão da graça santificante e ao perdão dos pecados (não quanto ao caráter), o batismo normal pode ser suprido pelos batismos de desejo e de sangue (Moliné, 1999). Também conhecido como **batismo de caridade**, o **batismo de desejo** encontra-se fundamentado na passagem de At 10,1-40, em que dom do Espírito Santo é derramado sobre a família do centurião Cornélio antes de ele ser batizado.

---

21 João Calvino (1509-1564) foi o grande divulgador da Reforma Protestante, principalmente em solo francês e em países francófonos. A sua doutrina é chamada *calvinismo*.

22 Sistema aparentemente desestruturado do século XX, mas condenado por Pio X (decreto *Lamentabili* e encíclica *Pascendi*, 1907) como grande inimigo da Igreja, embora também atuasse dentro desta. Nessa época, havia uma tendência de se conciliar cristianismo com visões da cultura e das ciências da época.

23 Cf. Santo Ofício, decreto *Lamentabili*, em Denzinger (2007, n. 3442, p. 737).

O Espírito Santo prepara o sujeito antes de receber o batismo. Trata-se de certa resposta de fé que precede o batismo (At 8,36-37). A dedução lógica dessa concepção é: se, por acaso, um catecúmeno falecesse antes de receber o sacramento, é inconcebível que Deus o privaria da salvação. Essa pessoa seria salva pelo simples desejo da salvação.

> O batismo normal pode ser suprido pelos batismos de desejo e de sangue.

Cristo deixou claro o seu desejo de que todos sejamos incorporados à Igreja por meio do batismo. No entanto, também é possível pertencer à Igreja por meio do desejo. Por isso, mesmo que todo "homem que, desconhecendo o Evangelho de Cristo e sua Igreja, procura a verdade e pratica a vontade de Deus segundo seu conhecimento dela pode ser salvo. Pode-se supor que tais pessoas teriam **desejado explicitamente o Batismo** se tivessem tido conhecimento da necessidade dele" (CIC, 2000, n. 1260, p. 350, grifo do original).

O **batismo de sangue** é a morte violenta sofrida por causa de Cristo, tanto daqueles que já têm o uso da razão como daqueles que não o têm, aceitando voluntariamente a morte ou uma ferida de morte causada por um agente externo e motivada pelo amor à religião ou a alguma virtude cristã. As passagens bíblicas que fundamentam essa doutrina estão em Mt 10,39 e Ef 10,32.

2.3.4 Crianças falecidas sem o batismo[24]

Antes de tentarmos responder à questão das crianças que vêm a óbito sem o sacramento do batismo, leiamos as palavras do Papa Emérito Bento XVI dirigidas aos pais que não querem mais batizar os filhos recém-nascidos:

---

24 Seção elaborada com base no documento da Comissão Teológica Internacional – CTI (2018).

Com efeito, é isto que o Batismo comporta: restituímos a Deus aquilo que veio dele. A criança não é propriedade dos pais, mas é confiada pelo Criador à sua responsabilidade, livremente e de modo sempre novo, a fim de que eles a ajudem a ser um filho de Deus livre. Somente se os pais amadurecerem tal consciência, conseguirão encontrar o justo equilíbrio entre a pretensão de poder dispor dos próprios filhos como se fossem uma posse particular, plasmando-os com base nas suas próprias ideias e desejos, e a atitude libertária que se expressa deixando-os crescer em plena autonomia, satisfazendo todos os seus desejos e aspirações, considerando isto um modo justo de cultivar a sua personalidade. Se, com este sacramento, o recém-batizado se torna filho adotivo de Deus, objeto do seu amor infinito que o tutela e defende das forças obscuras do maligno, é necessário ensiná-lo a reconhecer Deus como seu Pai e a saber relacionar-se com Ele com atitude de filho. E por conseguinte, quando, segundo a tradição cristã como hoje fazemos, se batizam as crianças introduzindo-as na luz de Deus e dos seus ensinamentos, não lhes fazemos violência, mas concedemos-lhe a riqueza da vida divina em que se arraiga a verdadeira liberdade própria dos filhos de Deus; uma liberdade que deverá ser educada e formada com o amadurecimento dos anos, para que se torne capaz de opções pessoais responsáveis. (Bento XVI, 2009)

Então, para onde vão as crianças que morrem sem o batismo? A Comissão Teológica Internacional – CTI (2018) realizou um estudo, entre 2005 e 2006, sobre o tema das crianças falecidas antes de receber o batismo. A conclusão foi que há cada vez mais crianças morrendo sem esse sacramento de iniciação. O argumento principal do documento é a falta de liberdade da criança, que recebe o sacramento em uma época em que lhe falta noção para fazer escolhas, principalmente as que são para toda a vida, como é o batismo. Os teólogos dessa comissão vaticana destacaram que houve uma mudança de acento e passou-se de uma interpretação rígida da salvação a outra mais em conformidade com a misericórdia e onipotência de Deus.

Em suma, o problema profundo é "reconciliar dois grupos de afirmações bíblicas: aquelas que se referem à vontade salvífica universal de Deus (cf. *1Tm* 2,4) e aquelas que identificam no Batismo o meio necessário para ser libertos do pecado e se tornarem conformes a Cristo (*Mc* 16,16; *Mt* 28,18-19)" (CTI, 2018, n. 4).

O documento ainda revela que a teoria do limbo, muito usada na Igreja em épocas anteriores, não tem seu fundamento na Sagrada Escritura. Partindo da teologia contida nas palavras da liturgia (*lex orandi, lex credendi*), observamos que nem mesmo a liturgia cristã faz referência ao limbo, embora inclua em seu calendário a festa dos Santos Inocentes, por exemplo. Esses santos são venerados como mártires, apesar de não terem sido batizados, visto que morreram por Cristo.

Os teólogos da Comissão Vaticana ressaltam que houve também um importante progresso litúrgico com a introdução dos funerais de crianças mortas sem o batismo (Missal Romano de 1970). De fato, não rezamos por aqueles que estão condenados. Exatamente por isso, a Igreja confia à misericórdia de Deus essas crianças: "quanto às crianças mortas sem batismo, a Igreja não pode que confiá-las à misericórdia de Deus, como justamente faz no rito dos funerais por elas" (CTI, 2018, n. 6).

De acordo com o Catecismo da Igreja Católica (CIC, 2000, n. 1261, p. 350),

> a grande misericórdia de Deus, que quer a salvação de todos os homens (1Tm 2,4), e a ternura de Jesus para com as crianças, o levando a dizer "Deixai as crianças virem a mim, não as impeçais" (Mc 10,14), nos permitem esperar que haja um caminho de salvação para as crianças mortas sem Batismo.

Nesse sentido, a CTI resumiu os pontos de vista dos principais Padres da Igreja. Um deles foi o do Padre grego[25] Gregório de Nissa (335-394), que sustenta em sua obra *De infantibus praemature abreptis libellum* que o destino dessas crianças é um mistério, algo que vai além da compreensão humana. Apesar disso, Gregório afirma que essa crianças não recebem nem punição nem louvor de Deus, pois elas "sofreram um dano mais do que o causaram" (CTI, 2018, n. 13).

Santo Agostinho foi bastante duro em sua visão teológica sobre o batismo das crianças. Para ele, as crianças não batizadas vão diretamente para o inferno, pois não existe "um 'estado intermediário' entre paraíso e inferno" (CTI, 2018, n. 17). De acordo com o CTI, a fim de negar a heresia pelagiana, Agostinho apresenta a seguinte concepção:

> Deus é justo. Se condena ao inferno as crianças não batizadas, é porque são pecadoras. Não obstante que estas crianças sejam punidas no inferno, padecerão somente uma "pena suavíssima" (*mitissima poena*), "a pena mais leve de todas". [...] Mais do que condenar a autoridade divina, [Agostinho] dá uma interpretação restritiva da vontade salvífica universal de Deus. (CTI, 2018, n. 18)

A autoridade de Agostinho fez com que durante séculos muitos teólogos do Ocidente adotassem seu ponto de vista.

O teólogo Pedro Abelardo e os que vieram posteriormente deram uma nova interpretação à visão de Santo Agostinho. De acordo com sua concepção, as crianças falecidas sem o batismo não sofrem penalidades devido à infinita bondade de Deus, embora sejam privadas de Sua visão. Esse pensamento sustentou a reflexão teológica do século XIII, "que reserva às crianças não batizadas uma sorte essencialmente diferente daquela dos santos no céu, mas também parcialmente diversa daquela dos condenados, aos quais estão, todavia, associadas" (CTI, 2018, n. 22).

---

25 Os Padres gregos, no geral, corroboram a visão de Anastácio do Sinai (630-701): "Não é conveniente que o homem investigue com as próprias mãos os juízos de Deus" (CTI, 2018, n. 13).

Isso levou os teólogos medievais a conceberem dois destinos após a morte: "a felicidade do céu para os santos e a privação dessa felicidade celeste para os condenados e para as crianças que morrem sem Batismo" (CTI, 2018, n. 22). Essa punição também previa outra divisão: **perda da visão beatífica** (punição para o pecado original), que atingia as crianças não batizadas; e a própria **ida ao inferno** (punição aos pecados mortais).

Com base nessas concepções, chegou-se à conclusão de que "as crianças que morrem sem Batismo não conhecem aquilo de que são privadas, e, por conseguinte, não sofrem pela privação da visão beatífica" (CTI, 2018, n. 23). Por isso, entre os séculos XII e XIII, criou-se a expressão *limbo* para designar o local para onde essas crianças vão, tendo em vista que, nessa concepção, elas são privadas do paraíso, mas não são enviadas ao inferno. Por volta dos séculos XVII e XVIII, passou-se a defender o ensino da teoria do limbo nas escolas católicas, algo que perdurou até o século XX.

No Concílio Vaticano II (1962-1965), o Papa Paulo VI (1897-1978) abriu um caminho esperançoso em favor das crianças não batizadas: "Com efeito, já que por todos morreu Cristo e a vocação última de todos os homens é realmente uma só, a saber, a divina, devemos manter que o Espírito Santo a todos dá a possibilidade de se associarem a este mistério pascal" (Paulo VI, 1965b). Conforme podemos perceber, o papa abre as portas para uma interpretação mais em conformidade com a Vontade Salvífica universal de Deus, ou seja, com a vontade que Deus tem de que todos os homens se salvem. Dessa forma, a teologia católica abre-se a uma interpretação menos rigorosa e literal e coloca-se de forma humilde diante da imensa misericórdia de Deus, sem querer entender tudo sobre os mistérios divinos.

Até a declaração do Papa Paulo VI, podemos resumir em três pontos a leitura teológica do Magistério sobre esse tema:

I) Deus quer que todos os seres humanos sejam salvos. II) Esta salvação é dada somente por meio da participação no mistério pascal de Cristo através do Batismo para a remissão dos pecados, seja sacramental, seja mediante outra forma. Os seres humanos, inclusive as crianças, não podem ser salvas sem a graça de Deus derramada pelo Espírito Santo. III) As crianças não entram no reino de Deus se não estão libertadas do pecado original através da graça redentora. (CTI, 2018, n. 32)

A evolução da compreensão teológica católica chegou a afirmar, no século XIX, por meio do Papa Pio IX (1792-1878), a possibilidade de salvação daqueles que, sem culpa própria, estão na ignorância da fé católica[26]. Tal amadurecimento da doutrina católica deu asas a novos caminhos para o problema das crianças mortas sem o batismo.

Em síntese, devemos distinguir a **doutrina comum da Igreja** e a **fé da Igreja**. Passamos por muitas teorias possíveis sobre o tema, mas a "sorte das crianças não batizadas continua sendo um caso limite na pesquisa teológica: os teólogos deveriam ter presente a perspectiva apofática[27] dos Padres gregos" (CTI, 2018, n. 41). Isso porque os Padres gregos não consideram conveniente a investigação humana acerca dos juízos de Deus. Por isso, em certos momentos-chave da história dessa doutrina, o Magistério da Igreja optou por deixar em aberto e não definir, de fato, essa questão. Afinal, Deus não nos pede coisas impossíveis.

> Além disso, o poder de Deus não está limitado aos sacramentos: "Deus virtutem suam non alligavit sacramentis quin possit sine sacramentis effectum sacramentorum conferre" (Deus não liga seu poder aos sacramentos, assim pode conferir o efeito dos sacramentos sem os sacramentos)[28]. Deus pode, portanto, dar a graça do Batismo sem que o sacramento seja administrado, fato este que deveria ser

---

26 Cf. Carta Encíclica *Quanto conficiamur*, em Denzinger (p. 626-629).

27 *Teologia apofática* ou *teologia negativa* é o contrário da *teologia propositiva* ou *teologia afirmativa*.

28 Tomás de Aquino, *Summa Theologiae* III, 64, 7; cfr III, 64, 3; III, 66, 6; III, 68, 2.

recordado especialmente quando a administração do Batismo for impossível. **A necessidade do sacramento não é absoluta.** O que é absoluto é a necessidade para a humanidade do *Ursakrament*, que é Cristo mesmo. Toda salvação vem dele e, por conseguinte, de qualquer modo, através da Igreja. (CTI, 2018, n. 82, grifo nosso)

A CTI (2018), depois de analisar os avanços teológicos recentes, chegou à conclusão de que a teoria do limbo é problemática e deve ser superada à luz de maior esperança teológica, fundamentando-se na ideia de uma graça redentora concedida às crianças que morrem sem batismo, por meio da qual elas poderiam alcançar novamente o caminho dos céus.

Assim, a tentativa de bater definitivamente o martelo sobre essa questão durante o Concílio Vaticano II, afirmando-se que as crianças não batizadas estão privadas da visão de Deus, caiu por terra:

> Jesus ensinou: "Quem não nascer da água e do Espírito não pode entrar no Reino de Deus" (*Jo* 3,5). Disso compreendemos a necessidade do Batismo sacramental. Da mesma forma, ele disse: "Se não comerdes a carne do Filho do Homem e não beberdes o seu sangue, não tereis a vida em vós" (*Jo* 6,53). Disso compreendemos a necessidade (estreitamente relacionada com a anterior) de participar da Eucaristia. Contudo, como deste segundo texto não se pode concluir que não pode ser salvo quem não recebeu o sacramento da Eucaristia, assim também não se pode deduzir do primeiro texto que não pode ser salvo quem não recebeu o sacramento do Batismo. Deveremos, ao contrário, chegar à conclusão de que ninguém é salvo sem alguma relação com o Batismo e com a Eucaristia, portanto com a Igreja, definida por esses sacramentos. Toda salvação tem alguma relação com o Batismo, a Eucaristia e a Igreja. O princípio segundo o qual "fora da Igreja não há salvação" significa que não há salvação que não provenha de Cristo e que não seja eclesial por sua própria natureza. Da mesma forma, o ensinamento da Escritura segundo o qual "sem a fé é impossível ser-lhe (a Deus) agradável" (*Hb* 11,6) indica o papel intrínseco da Igreja, a comunhão de fé, na obra de salvação. Sobretudo na

liturgia da Igreja se manifesta esse papel, enquanto a Igreja ora e intercede por todos, inclusive pelas crianças que morrem sem Batismo. (CTI, 2018, n. 96)

Antes do Concílio Vaticano II, nem sequer existia um rito fúnebre para as crianças mortas sem batismo: elas eram sepultadas em terra não consagrada. Graças à Reforma do Missal Romano, atualmente há uma missa em que a Igreja exprime na liturgia a esperança na misericórdia de Deus.

2.3.5 Rito do batismo para adultos

Receber o batismo em idade adulta requer uma preparação diferenciada, que consiste em uma conversão à fé e, consequentemente, de vida. Para isso, é necessária uma instituição catecumenal, voltada à instrução moral e doutrinal católica (Bourgeois; Sesboüé; Tihon, 2013).

São vários os documentos históricos que nos falam dessa instituição: a tradição apostólica de Hipólito, o tratado do batismo de Tertuliano e as várias catequeses de Cirilo de Jerusalém, de João Crisóstomo, Teodoro de Mopsuéstia, Ambrósio e Agostinho (Bourgeois; Sesboüé; Tihon, 2013).

O catecumenato é uma caminhada progressiva, dentro da comunidade dos fiéis, que proporciona uma formação cristã adequada.

6. Nesta caminhada, além de um tempo de procura e amadurecimento (cf. infra, n. 7, p. 23), há vários "degraus" ou "passos", pelos quais o catecúmeno, ao caminhar, como que passa uma porta ou sobe um degrau:
    a. o primeiro é quando alguém, que chegou à conversão inicial, quer tornar-se cristão, e é recebido pela Igreja como catecúmeno;
    b. o segundo é quando, já adiantado na fé e quase no fim do catecumenato, é admitido a uma preparação mais intensa para os sacramentos;

    c. o terceiro é quando, completada a preparação espiritual, recebe os sacramentos pelos quais o cristão é iniciado.

Temos assim três "degraus", "passos" ou "portas" que devem ser tidos como momentos maiores ou mais densos da iniciação. Estes degraus são assinalados por três ritos litúrgicos: o primeiro pelo rito da instituição dos catecúmenos; o segundo pela eleição; e o terceiro pela celebração dos sacramentos.

7. Os degraus conduzem a "tempos" de procura e de amadurecimento ou são por eles preparados:
    a. o primeiro tempo, que da parte do catecúmeno exige uma procura, é destinado à evangelização por parte da Igreja e ao "pré-catecumenato", e conclui-se pela entrada na "ordem dos catecúmenos";
    b. o segundo tempo, que começa com esta entrada na ordem dos catecúmenos, e pode durar vários anos, é consagrado à catequese e aos ritos a ela anexos, e termina no dia da eleição;
    c. o terceiro tempo, mais breve, que habitualmente coincide com a preparação para as solenidades pascais e para os sacramentos, é destinado à purificação e à iluminação;
    d. o último tempo, que se prolonga por todo o tempo pascal, é destinado à "mistagogia", isto é, por um lado à recolha da experiência e dos frutos da vida cristã e, por outro, à entrada no convívio da comunidade dos fiéis, estabelecendo com ela relações profundas.

Assim, temos quatro tempos seguidos: o do "pré-catecumenato", caracterizado pela primeira evangelização; o do "catecumenato", destinado a uma catequese completa; o da "purificação e iluminação", para obter uma preparação espiritual mais intensa; e o da "mistagogia", marcado por uma nova experiência dos sacramentos e da comunidade. (Conferência Episcopal Portuguesa, 2018d, n. 6-7, p. 22-23)

Bourgeois, Sesboüé e Tihon (2013) apresentam o essencial do catecumenato dos primeiros séculos, o qual comportava duas etapas principais: a preparação remota e a preparação imediata.

A **preparação remota** demorava alguns anos, durante os quais o candidato passava por um escrutínio cuidadoso da comunidade. Quem se dirigia ao catecumenato era, primeiramente, apresentado aos doutores (leigos ou clérigos) pelos padrinhos[29]. De acordo com Bourgeois, Sesboüé e Tihon (2013), a função desses doutores era avaliar se a vida do aspirante a catecúmeno estava de acordo com a moral cristã, até mesmo a vida profissional, não sendo admitidas profissões próximas ao paganismo.

O tempo de formação costumava durar três anos, período em que os aspirantes eram "iniciados nas Escrituras" para receber "uma catequese moral" (*Tradition Apostolique*, citada por Bourgeois; Sesboüé; Tihon, 2013, p. 61).

Após esse tempo longo, o candidato estava pronto para iniciar a **preparação imediata**. No final desse primeiro período, aqueles que pretendiam receber o batismo na noite da Páscoa eram apresentados ao bispo, que verificava se suas vidas já eram cristãs. O bispo, então, inscrevia-os no registro do patrimônio de Cristo.

> A celebração prossegue com a protocatequese pronunciada pelo bispo, que dá o sentido da preparação batismal e convida à alegria por esse tempo de núpcias espirituais. [...] A preparação dura seis semanas no Ocidente, oito semanas no Oriente, isto é, o tempo da Quaresma, firmemente instituída a partir do século IV. Excetuando-se os sábados, há reuniões todos os dias, domingo inclusive, presididas pelo bispo. A formação comporta um aspecto catequético, ascético e espiritual. (Bourgeois; Sesboüé; Tihon, 2013, p. 61)

Durante as primeiras semanas, a catequese era focada nas Escrituras. Já nos últimos 15 dias, os estudos se voltavam à catequese dogmática, mais especificamente aos artigos da fé. Era nessa etapa que os catecúmenos tinham contato com o Credo, oração até então ocultada pela disciplina

---

29 "O papel dos padrinhos é atestado desde o século III e devem dar testemunho da sinceridade das suas motivações" (Bourgeois; Sesboüé; Tihon, 2013, p. 61).

do segredo (Bourgeois; Sesboüé; Tihon, 2013). Conforme orientava São Cirilo de Jerusalém (313-386), os ensinamentos da fé deveriam ser memorizados, gravados nos corações dos catecúmenos, e não escritos. Concluída essa etapa, o catolicismo se tornava a doutrina do catecúmeno, devendo guiar sua vida para sempre (Bourgeois; Sesboüé; Tihon, 2013).

Nesses últimos 15 dias, o bispo explicava artigo por artigo do Credo. No Domingo de Ramos[30], os catecúmenos o recitavam publicamente diante do bispo, dos padrinhos e de toda a comunidade.

As catequeses mistagógicas, que comentam os ritos de iniciação cristã, só eram dadas durante a semana pascal, depois que todos os sacramentos tinham sido recebidos. Segundo Bourgeois, Sesboüé e Tihon (2013), essa ordem se explica pelo fato de que era preciso que os neófitos experimentassem antes os ritos e a graça dos sacramentos para se tornarem mais aptos a perceber o seu sentido espiritual.

Dessa maneira, a Quaresma se transformava em um grande retiro no qual a penitência e o jejum eram os exercícios espirituais mais praticados. De fato, antes do recebimento do batismo, recomendava-se um jejum: "Os que vão ter acesso ao batismo devem invocar a Deus mediante orações fervorosas, jejuns, genuflexões e vigílias" (Tertuliano, citado por Bourgeois; Sesboüé; Tihon, 2013, p. 63). Tais exercícios visavam atrair a misericórdia de Deus e demonstrar sinceridade de arrependimento. Além disso, o jejum tinha efeito de exorcismo. Este último era realizado no decurso de várias celebrações, nas quais eram feitas orações de exorcismo sobre os catecúmenos, conduzidas por leigos ou clérigos habilitados (Bourgeois; Sesboüé; Tihon, 2013).

Atualmente, a duração do catecumenato depende de várias circunstâncias, a saber:

> da forma como está organizado o catecumenato, do número de catequistas, diáconos e sacerdotes, da colaboração do próprio catecúmeno, dos meios de acesso à sede do catecumenato e de

---

30 A Semana Santa é dedicada à penitência, aos ofícios litúrgicos e à preparação espiritual.

aí permanecer, e também do apoio da comunidade local. Nada, portanto, se pode estabelecer previamente. Compete ao Bispo fixar a duração e regulamentar a disciplina do catecumenado. Também as Conferências Episcopais darão oportunamente normas mais concretas, tendo em conta as condições de cada povo e de cada região. (Conferência Episcopal Portuguesa, 2018c)

O que a Igreja mais destaca é a realidade experiencial do catecumenato. Trata-se de uma caminhada com Jesus ao longo de toda a vida, sendo, no entanto, apenas os primeiros passos de uma eternidade com Deus.

2.3.6 Batismo válido ou inválido

Cristãos não católicos, ao se converterem ao catolicismo, devem ser rebatizados? O batismo depende da fé de quem o administra para ser válido? Quais são, em síntese, os elementos que tornam o batismo válido ou inválido?

Nesta seção, trataremos brevemente dessas questões e, por fim, apresentaremos alguns exemplos de comunidades não católicas em que o batismo é considerado válido ou inválido.

Sobre os cristãos não católicos, o Concílio Vaticano II afirma no Decreto *Unitatis Reintegratio* (n. 3) que aqueles

> que creem em Cristo e foram devidamente batizados, estão numa certa comunhão, embora não perfeita, com a Igreja católica. [...] No entanto, justificados no Batismo pela fé, são incorporados a Cristo, e, por isso, com direito se honram com o nome de cristãos e justamente são reconhecidos pelos filhos da Igreja católica como irmãos no Senhor. (Paulo VI, 1964b)

De acordo com o Cân. 869, parágrafo 2, do CDC (2007), os cristãos não católicos que já foram batizados em outra comunidade eclesial não podem ser rebatizados, exceto mediante avaliação que comprove que a validade do sacramento é duvidosa. Como já ressaltamos, o sacramento do batismo não pode ser repetido porque se trata de uma marca espiritual indelével e incancelável impressa no sujeito que o recebe.

Devemos levar em consideração também que a fé do ministro que administra esse sacramento nunca foi empecilho para a validade dele; basta que o ministro tenha a intenção de fazer o que a Igreja faz quando batiza. Da mesma forma, o Pontifício Conselho para a Promoção da Unidade dos Cristãos (2017) determina que qualquer batismo realizado com a fórmula trinitária, por infusão ou imersão, é considerado válido.

> Os cristãos não católicos que já foram batizados em outra comunidade eclesial não podem ser rebatizados, exceto mediante avaliação que comprove que a validade do sacramento é duvidosa.

Importante!

Para ser válido, o batismo deve ser administrado com água verdadeira, por infusão, imersão ou aspersão, utilizando-se da fórmula trinitária e segundo a intenção da Igreja (Arquidiocese de Niterói, 2013). Na Igreja Católica, no entanto, o uso por aspersão não é permitido, assim como não se deve aceitar o rito de aspersão coletiva, dado que ele não garante a segurança de que o sujeito realmente recebeu a matéria do sacramento (a água).

Como amostra, no texto do Diretório do Sacramento do Batismo da Arquidiocese de Niterói há uma lista das comunidades não católicas e a validade ou não do seu batismo[31]:

i. Diversas Igrejas batizam, sem dúvida, validamente; por esta razão, um cristão batizado não pode ser rebatizado, nem sequer sob condição. Essas Igrejas são:
1. Igrejas orientais, que não estão em plena comunhão com a Igreja católico-romana, tanto as "pré-calcedonianas" quanto as "ortodoxas". Pelo menos seis dessas igrejas encontram-se estabelecidas no Brasil, com sacerdotes e templos próprios. Deve-se, porém, atender ao fato de que, entrenós, a palavra "ortodoxo" não é garantia de pertença a este grupo, pois é usada também indevidamente por alguns grupos derivados da ICAB.
2. Igrejas **vétero-católicas**, das quais houve outrora algumas paróquias, mas atualmente parece que não existe, em nosso país, nenhum grupo organizado. Contudo, o adjetivo *vétero-católico* também é usado abusivamente por grupos destacados da ICAB.
3. Igreja Episcopal Anglicana do Brasil e todas as Igrejas que formam parte da Comunhão Anglicana;

---

31 É importante, também, ter presentes as seguintes diferenças: a diferença entre as Igrejas Ortodoxas de tradição bizantina (resultantes do Cisma do Oriente, como as que estão em comunhão com os Patriarcados grego-ortodoxos de Constantinopla, Antioquia, Jerusalém e Alexandria, bem como com o Patriarcado de Moscou e outras igrejas autocéfalas da Europa Oriental), que aceitam os sete primeiros Concílios Ecumênicos, e as Igrejas não calcedonianas ou pré-calcedonianas (Igreja Apostólica Armênica, Igreja Ortodoxa Etíope, Igreja Ortodoxa Copta e Igreja Siríaca Ortodoxa), que rejeitam o Concílio de Calcedônia e posteriores (separaram-se das Igrejas Romana e Bizantina no século V), e a Igreja Assíria do Oriente (maioria existente no atual Iraque), que rejeita o Concílio de Éfeso e posteriores, tendo se separado das Igrejas Romana e Bizantina no século V. Entretanto, para a validade dos sacramentos, estas igrejas estão consideradas da mesma forma que a Igreja Ortodoxa de tradição bizantina. (O texto da Arquidiocese é baseado na Resposta da Sagrada Congregação do Santo Ofício, de 15 de novembro de 1941; Sagrada Congregação do Santo Ofício, Resposta de 28 de dezembro de 1949; Diretório Ecumênico I, 12-14; Rito do Batismo de Iniciação Cristã de Adultos, Apêndice 7).

4. Igreja Evangélica de Confissão Luterana no Brasil (IECLB) e todas as Igrejas que se integram na Federação Luterana Mundial;
5. Igreja Evangélica Luterana no Brasil (IELB);
6. Igreja Metodista e todas as Igrejas que pertencem ao Conselho Metodista Mundial.

ii. Há diversas Igrejas nas quais, embora não se justifique nenhuma reserva quanto ao rito batismal prescrito, contudo, devido à concepção teológica que têm do Batismo – por exemplo, que o batismo não justifica e, por isso, não é tão necessário, alguns de seus pastores, segundo parece, não manifestam sempre urgência em batizar seus fiéis ou em seguir exatamente o rito batismal prescrito; também nesses casos, quando há garantias de que a pessoa foi batizada segundo o rito prescrito por essas Igrejas, não se pode rebatizar, nem sob condição. Essas Igrejas são:
1. Igrejas presbiterianas;
2. Igrejas batistas;
3. Igrejas congregacionais;
4. Igrejas adventistas;
5. a maioria das Igrejas pentecostais (Assembleia de Deus, Congregação Cristã do Brasil, Igreja do Evangelho Quadrangular, Igreja Deus é Amor, Igreja Evangélica Pentecostal "O Brasil para Cristo"). Tenha-se, porém, em conta o que diz o Guia ecumênico, ao comentar o n. 93 do Diretório Ecumênico acerca da necessidade da fórmula trinitária.
6. Exército da Salvação. Este grupo não costuma batizar, mas, quando o faz, realiza-o de modo válido quanto ao rito.

iii. Há Igrejas de cujo Batismo se pode prudentemente duvidar e, por essa razão, requer-se, como norma geral, a administração do Batismo, sob condição. Tais Igrejas são:
1. Igrejas pentecostais que utilizam a fórmula "eu te batizo em nome do Senhor Jesus", como a Igreja Pentecostal Unida do Brasil ou a Congregação Cristã no Brasil (que a permite como alternativa à tradicional fórmula trinitária);

2. "Igrejas Brasileiras" (embora não se possa levantar nenhuma objeção quanto à matéria ou à forma empregadas pelas "Igrejas Brasileiras", pode-se e deve-se duvidar da intenção de seus ministros);
iv. Com certeza batizam invalidamente:
   1. Mórmons: negam a divindade de Cristo e introduzem um conjunto de crenças que conflitam com a fé cristã;
   2. Testemunhas de Jeová, que mais do que um grupo cristão deveriam ser consideradas como um grupo neojudaico;
   3. Ciência Cristã: o rito que pratica, sob o nome de Batismo, possui matéria e forma certamente inválidos.
   4. Certos grupos não propriamente cristãos, como a Umbanda, que praticam ritos denominados "batismo", mas que se afastam substancialmente da prática católica. (Arquidiocese de Niterói, 2013, p. 64-66, grifo nosso)

Há poucas décadas atrás, principalmente antes do Concílio Vaticano II, ainda encontrávamos uma tendência de defesa da fé de forma um tanto quanto rude e agressiva, entre os irmãos batizados em nome da Santíssima Trindade. Possivelmente, ainda encontramos regiões do Brasil e do mundo onde grupos de batizados cristãos, católicos ou não, se digladiam em nome de Cristo. A Igreja Católica caminha, inspirada pelo Espírito Santo, por veredas ecumênicas, em busca do desejo de unidade de todos os cristãos. É nesse sentido que buscamos encontrar as comunidades cristãs que recebem o batismo conforme o desejo de Jesus, pois um dos maiores fundamentos do ecumenismo, da unidade entre todos os cristãos, é o batismo comum que levamos marcados em nossas almas.

Síntese

Neste capítulo, reforçamos que a matéria do batismo é a água limpa, assim como indicamos quais são as palavras que validam o ritual. Em seguida, destacamos que os ministros ordinários do batismo são o bispo, o presbítero e o diácono. No entanto, salientamos que, em caso de morte, qualquer ser humano pode batizar, contanto que tenha a intenção de fazer o que a Igreja faz.

Também discutimos a polêmica da necessidade do batismo de crianças e o tabu do falecimento do infante antes de receber o ritual. Nesse sentido, apresentamos dois tipos de batismo: o de desejo e o de sangue. O primeiro é realizado quando o catecúmeno morre antes de receber o batismo; e o segundo, quando o indivíduo padece por conta de sua fé em Cristo antes de receber o batismo. Ambos se fundamentam no princípio de que Deus criou os sacramentos, mas não limitou o seu poder a estes, podendo salvar sem que a pessoa os tenha recebido.

Também analisamos detidamente o documento da Comissão Teológica Internacional (CTI) sobre a sorte das crianças mortas sem o batismo. Esse estudo nos permitiu conhecer vários pontos da teologia batismal e a sua evolução: de uma teologia que acreditava na condenação eterna, com pena suavíssima para tais crianças, chegamos a uma teologia que compreende melhor que tal argumento deve ser deixado à misericórdia de Deus. Essa nova concepção permitiu que o ritual fosse até mesmo reformado, acrescentando-se uma missa fúnebre para tais crianças e uma sepultura cristã.

Conforme pudemos demonstrar neste segundo capítulo sobre o batismo, este não depende da fé de quem o administra. Por isso, todo cristão batizado segundo a matéria e forma da Igreja não precisa ser rebatizado, caso mostre interesse em entrar na Igreja Católica.

Atividades de autoavaliação

1. A primeira categoria que deve ser considerada sempre válida para administrar o batismo é a água natural em estado líquido, como a que se encontra no mar, nos rios, nascentes etc. Assinale a seguir a categoria de água que também é válida para a administração do batismo, em caso de urgência, com a condição de que haja mais água do que outro elemento:

a) Água suja.
b) Refrigerante.
c) Saliva.
d) Caldo de sopa.

2. Como em qualquer outro sacramento, o ministro principal do batismo é o bispo da própria diocese. No entanto, é correto dizer que são ministros extraordinários do batismo:
   a) O bispo, o presbítero e o diácono.
   b) Qualquer leigo católico.
   c) Qualquer ser humano, independente de sua religião, contanto que tenha a intenção de fazer o que a Igreja faz.
   d) Qualquer ser humano que seja batizado e que tenha a intenção de fazer o que a Igreja faz.

3. Deus vinculou a salvação ao sacramento do batismo, mas Ele mesmo não está vinculado a seus sacramentos. Nesse sentido, Deus pode salvar sem os sacramentos, apesar de ter expressado, por meio de Jesus, que o batismo é necessário para a salvação. Como explicar essa aparente contradição?
   a) Por meio da doutrina do limbo, que é claramente descrita por Jesus Cristo nos Evangelhos.
   b) Quando um cristão não católico se converte ao catolicismo, deve ser sempre e em todas as circunstâncias rebatizado, independentemente da forma como foi batizado em sua igreja de origem.
   c) Sem batismo, sem a Igreja, ninguém pode se salvar.
   d) Essa questão é um exemplo de limite teológico. De acordo com os padres orientais, não devemos tentar entender plenamente os mistérios de Deus. Ultimamente tem-se entendido que a misericórdia de Deus tem caminhos que não conhecemos.

4. A validade do batismo não depende da fé do ministro que o administra. Caso esse ministro não tenha muita fé, ou tenha fé nenhuma, em nada isso influencia o batismo. No entanto, se o batizado for um adulto e não quiser ser batizado, o que acontece com ele?
   I. Recebe o caráter do batismo e seus frutos.
   II. Não recebe o caráter indelével nem as graças.
   III. É marcado pelo caráter, mas sem os frutos.
   IV. Nenhuma das afirmativas anteriores está correta.

   Assinale a alternativa que apresenta a resposta correta:
   a) Apenas a afirmação II está correta.
   b) Apenas a afirmação I está correta.
   c) Apenas a afirmação IV está correta.
   d) Estão corretas as afirmações III e IV.

5. Segundo o nosso estudo, a Igreja sempre batizou crianças. Atualmente, no entanto, a sociedade resiste ao batismo de seus bebês por insistir na ideia de que a criança é que deve escolher a própria religião quando crescer. Como a Igreja tem respondido a essa questão?
   a) Reafirmando que desde tempos antigos o batismo é administrado às crianças e convidando os fiéis a fazer o mesmo.
   b) Obrigando as crianças a serem batizadas e ameaçando os pais de excomunhão.
   c) Batizando o maior número possível de crianças, independentemente da vontade dos pais.
   d) Aplicando uma política de proselitismo.

Atividades de aprendizagem

Questões para reflexão

1. Atualmente, a celebração do batismo é vivida com entusiasmo em algumas novas comunidades e movimentos. Entretanto, no geral, em muitas paróquias do Brasil da década de 1980, segundo

a CNBB (1980), havia falhas que ocorriam com grande frequência, como: falta de preparação de pais e padrinhos; celebração apressada e rotineira; passividade dos presentes; visão do batismo como assunto individual, sem implicações para a Igreja; redução do batismo a um fato social; ausência de compromisso na educação à fé; importância desproporcional dada aos padrinhos, em prejuízo dos pais; escolha meramente social dos padrinhos, sem levar em conta sua vivência cristã; concepções mágicas e supersticiosas; e exigências muito rígidas.

Leia o documento citado da CNBB e investigue se hoje continuam ocorrendo tais problemas. Em seguida, liste os principais problemas que você identificou.

2. Com base na avaliação do documento da CNBB, proponha possíveis soluções para os problemas atuais que envolvem o batismo, inspirando-se no caminho catecumenal dos primeiros séculos da Igreja.

Atividade aplicada: prática

1. No dia 5 de março de 2016, o Vaticano divulgou o "Anuário Estatístico da Igreja" relativo a 2014. Esse documento revelou que "desde 2005 o número de batizados cresceu mais do que a população mundial, sendo que o número de católicos batizados em todo o mundo aumentou 14% e a população mundial 10,8%" (Ecclesia Internacional, 2016).

O Anuário revelou que, em 2014, foi contabilizado 1,272 bilhão de católicos (17,8% da população), ao passo que em 2005 eram 1,115 bilhão (17,3% da população mundial). O maior número de católicos encontra-se na África.

Como explicar o aumento de interesse pela fé atualmente? Faça uma pesquisa sobre a situação da fé no mundo (não apenas em número de seguidores, mas no sentido de vivência e testemunho).

3
Crisma: origem e sinais[1]

---
[1] Todas as passagens bíblicas indicadas neste capítulo são citações de Bíblia (2000).

De acordo com o Catecismo da Igreja Católica (CIC, 2000), o crisma é um dos sacramentos que formam a iniciação cristã. Também chamado de *confirmação*, uma vez que esse sacramento confirma a plenitude do batismo e fortalece os vínculos do fiel com a Igreja e a fé católica.

Durante os primeiros séculos do cristianismo, a confirmação era administrada junto com o batismo. Isso fez com que o sacramento da confirmação deixasse de ser aceito pelos protestantes e fosse causa de muitas discussões ao longo dos séculos.

Tendo isso em vista, iremos percorrer os principais testemunhos históricos desse sacramento e estudar também sua matéria e forma.

3.1 Origem

O sacramento da confirmação está intimamente vinculado a toda a economia da iniciação cristã. No entanto, quando e como surgiu esse sacramento nas Escrituras? Qual o testemunho dos Padres e a doutrina do Magistério da Igreja?

No Antigo Testamento, o Espírito representava a força divina atuante na criação e na história (Russo, 2015). O Espírito atuou nos juízes Sansão (Jz 13,24; 14,6), Gedeão (Jz 6,34) e Saul (1Sm 11,6ss); nos reis Davi (1Sm 16,13), Josué (Nm 27,18) e Eliseu (2Rs 2,9); e descansou sobre o rei messiânico (Is 11,2). O rito de unção foi o sinal da presença do Espírito, que atuou também nos profetas Amós (Am 3,8), Jeremias (Jr 20, 7) e Oseias (Os 9,7).

> O rito essencial do crisma é a unção com o santo crisma na fronte do batizado, com a imposição das mãos do ministro e as palavras: "Recebe, por este sinal, o Dom do Espírito Santo".

Desde tempos remotos, o gesto de impor as mãos foi usado para invocar a bênção sobre pessoas escolhidas (Gn 48,13) ou para conferir funções especiais a certos indivíduos (Nm 8,10). Já a unção com óleo aromático começou a ser usada nos ritos de celebração da Antiga Aliança (Am 6,6). Houve também certas profecias sobre a efusão do Espírito Santo nos tempos futuros: "Depois disso, acontecerá que derramarei o meu Espírito sobre todo ser vivo: vossos filhos e vossas filhas profetizarão; vossos anciãos terão sonhos, e vossos jovens terão visões. Naqueles dias, derramarei também o meu Espírito sobre os escravos e as escravas." (Jl 3,1-2).

O Espírito Santo, no Antigo Testamento, era também uma promessa escatológica, um dom para toda criação, para o futuro Messias e todo povo de Israel – para "toda a carne" (Russo, 2015).

Dado que a unção ritual não foi suficiente para fazer dos reis servos fiéis de Deus, foi necessário que o Espírito Santo se manifestasse plenamente no Messias ungido do Senhor. O Espírito repousaria sobre seu servo para constituí-lo mediador da nova aliança, da luz das nações, e torná-lo libertador de seu povo (Is 42,1-6; 61,1-4). Assim, a missão profética e a messiânica se unem na mesma pessoa. Essa efusão do Espírito foi prometida a todo o povo de Israel (Is 44,3), coincidindo com os tempos da restauração (Is 32,15) e transformando o coração dos homens (Is 59,21). Em outras palavras, essa efusão originou um Espírito de revelação que se derramou sobre a casa de Israel (Ez 39,29).

No Novo Testamento, o Espírito Santo desceu de uma vez por todas (Is 63,17-19) na pessoa de Cristo em Sua concepção virginal (Lc 1,35) – "O Espírito do Senhor está sobre mim, porque me ungiu" (Lc 4,18). Movido pelo Espírito, Jesus foi ao deserto (Lc 4,1), lutou contra as tentações do demônio (Mt 4,1), começou a pregar (Lc 4,14), libertou os oprimidos do mal (Mt 12,28) e realizou milagres (Lc 4,18). Jamais alguém teve o Espírito como Ele (Jo 16,14ss). De fato, o Espírito estava Nele, era Seu próprio espírito (Russo, 2015).

Cristo cumpriu sua missão com o poder do Espírito (Mc 1,10) e, depois da Sua ressurreição, prometeu enviar aquilo que o Pai prometeu: "descerá sobre vós o Espírito Santo e vos dará força; e sereis minhas testemunhas em Jerusalém, em toda a Judeia e Samaria e até os confins do mundo" (At 1,8). No dia de Pentecostes, essa promessa de Cristo se realizou e o Espírito Santo desceu com força sobre a Virgem e os apóstolos (At 2,38).

O termo *unção* é usado para se referir ao batismo de Jesus com a intenção de destacar que Ele estava repleto de Espírito Santo (At 10,38), ressaltando, assim, Sua filiação divina (Hb 1,9). Mais tarde, o termo passou a expressar que os cristãos participam, por meio de Cristo, do dom messiânico do Espírito (1Jo 2,20-27).

Podemos ver nos Atos dos Apóstolos um rito que não se confunde com o batismo, mas que, conectado a este, transmite o Espírito Santo pela imposição das mãos. Em At 8,14-17, conta-se como Pedro e João foram à Samaria impor as mãos àqueles que já haviam sido batizados em nome do Senhor Jesus. Quase 30 anos mais tarde, Paulo de Tarso repetiu esse gesto em Éfeso (At 19,1-8).

Tais gestos dos apóstolos dão a entender que Cristo lhes enviou o Espírito e transmitiu-lhes de que maneira deveriam administrar tal sacramento. Em outras palavras, se o Senhor prometeu enviar o Espírito Santo a todos os crentes, é de se supor que também tenha deixado instruções para sua efetivação.

> Pentecostes representou o começo da vida da Igreja.

Na vida de Cristo existem, principalmente, dois momentos fortes da atuação do Espírito: o batismo no Jordão (Jo 3,34) e o processo de morte e ressurreição (Russo, 2015).

Pentecostes representou o começo da vida da Igreja. Foi um acontecimento escatológico, extraordinário, visível e eclesial. Se no Jordão começou a vida pública de Cristo, Pentecostes inaugurou a vida pública da Igreja.

3.1.1 Padres da Igreja e o Magistério

Ao analisarmos os testemunhos históricos, podemos acabar interpretando a confirmação como parte da única sequência dos ritos batismais (Russo, 2015). Isso porque, antigamente, com a iniciação cristã de adultos, os três sacramentos (batismo, confirmação e eucaristia) eram administrados ao mesmo tempo. Devido a isso, o rito do batismo herdou alguns gestos que lembram a confirmação, como a unção com o óleo do crisma. Em síntese, a distinção entre os dois sacramentos não era clara.

Como podemos perceber, o crisma e o batismo compunham um sacramento duplo, conforme indica São Cipriano (210-258). De acordo com o CIC (2000), essa forma de conduzir a cerimônia surgiu devido ao aumento de batismos infantis e à multiplicação de paróquias, mais especificamente as rurais. Com o aumento do número de dioceses, o bispo ficava impossibilitado de comparecer a todas as celebrações batismais.

No Ocidente, conservou-se a ideia de reservar ao bispo a finalização do rito batismal, o que motivou a separação dos dois sacramentos. Já no Oriente, foi dada ao sacerdote a possibilidade de também confirmar esse sacramento – no entanto, isso só poderia ocorrer mediante o uso do *myron*, consagrado pelo bispo (La Santa Sede, 2018).

Foi Santo Hipólito (170-235), no ano 215, em seu *Tratado sobre a tradição apostólica*, que confirmou que no rito romano da iniciação havia duas unções depois do batismo, das quais a segunda claramente parecia a confirmação (Ecclesia, 2018). Na Igreja, o bispo fazia a imposição das mãos e orava sobre os candidatos. Em seguida, derramava o óleo bento sobre cada um, impunha-lhes as mãos, recitava uma fórmula e, marcando-o na testa, dava-lhe o beijo da paz.

Tertuliano (160-220) aponta três fases do rito de iniciação cristã – batismo, confirmação e eucaristia –, estabelecendo claramente a confirmação no grau de sacramento. São Cirilo de Jerusalém (313-386) e Santo Ambrósio (337-397) fizeram homilias sobre esse sacramento, testemunhando sua existência na época.

No século V, o abade Fausto de Riez (450-480), do sul da França, lançou a ideia de que a confirmação armava o cristão para que fosse um soldado de Cristo (Haffner, 2000). No século IX, Rábano Mauro (780-856) falou de duas unções que o cristão recebia depois do batismo: a primeira era recebida na cabeça, pelo sacerdote, e a segunda, na testa, pelo bispo. Santo Tomás de Aquino (1225-1274) considerou esse sacramento como o da plenitude do Espírito Santo (Tomás de Aquino, [s.d.]).

O Oriente sempre conservou a unidade dos três sacramentos de iniciação. No Ocidente, a partir do século VI, passou a ser reservada ao bispo a administração da confirmação (Russo, 2015). No entanto, juntamente com o batismo e o crisma, em algumas igrejas de rito oriental, é comum as crianças receberem a comunhão eucarística desde tenra idade.

O termo *crisma* foi utilizado pela primeira vez no Concílio de Riez, em 439. A partir de então, o sacramento foi chamado de *confirmação, perfeição, fortalecimento, plenitude, complemento, consumação* (do iniciado no batismo) e *selo* (Russo, 2015). Quase mil anos depois, o Concílio de Florença (1431-1445) constatou que esse sacramento fortalece o Espírito Santo que recebemos no batismo.

O Concílio de Trento declarou que o crisma é um dos sete sacramentos instituídos por Cristo. Os modernistas, no começo do século XX, negaram até que Cristo tenha conhecido esse sacramento. O Papa Paulo VI declarou, em 1971, que depois de Pentecostes os apóstolos distribuíram, pela imposição das mãos, o dom do Espírito Santo aos recém-batizados e deixou bem claro que esse gesto era o começo do sacramento da confirmação (Haffner, 2000).

A Constituição Apostólica *Divinae Consortium Naturae*, do Papa Paulo VI, descreve o percurso histórico do sacramento da confirmação, deixando patente sua importância.

> Daqui se deduz claramente a importância própria da Confirmação para a iniciação sacramental, em virtude da qual os fiéis, **como membros de Cristo vivo, a Ele são incorporados e configurados, não só pelo Batismo, mas também pela Confirmação e pela Eucaristia**. No Batismo, os neófitos recebem o perdão dos pecados, a adoção de filhos de Deus, bem como o caráter de Cristo, pelo qual ficam agregados à Igreja e se iniciam na participação do sacerdócio do seu Salvador (cfr. **1 Pedr 2**, 5 e 9). Pelo Sacramento da Confirmação, os renascidos no Batismo recebem o Dom inefável, o próprio Espírito Santo, pelo qual ficam **enriquecidos de um vigor**

especial e, marcados pelo caráter deste mesmo Sacramento, **ficam vinculados mais perfeitamente à Igreja** e ficam também **mais obrigados a difundir e a defender a fé, por palavras e por obras, como verdadeiras testemunhas de Cristo**. Por fim, a Confirmação está tão intimamente relacionada com a Sagrada Eucaristia, que os fiéis, já marcados pelo Batismo e pela Confirmação, se inserem plenamente no Corpo de Cristo, pela participação na Eucaristia. (Conferência Episcopal Portuguesa, 2018c, p. 14-15, grifo do original)

O Papa Paulo VI reconheceu que em muitos ritos do Oriente o crisma não se distinguia muito bem do batismo, enquanto o Ocidente deixou vários testemunhos sobre a existência de dois sacramentos distintos. É exatamente esse o motivo pelo qual, ao longo dos séculos, surgiram muitas discussões e dúvidas a respeito dos ritos da confirmação.

É válido ressaltar, no entanto, que o CIC valoriza tanto a prática oriental quanto a ocidental: "A prática da Igreja do Oriente sublinha mais a unidade da iniciação cristã. A da Igreja latina exprime mais nitidamente a comunhão do novo cristão com seu Bispo, garante e servo da unidade de sua Igreja, de sua catolicidade e de sua apostolicidade" (CIC, 2000, n. 1292, p. 357).

Observe no quadro a seguir como o ritual é ministrado em cada um dos hemisférios mencionados.

O **ministro originário** da Confirmação é o Bispo.

No **Oriente**, é normalmente o presbítero batizante que também ministra imediatamente a Confirmação em uma única e mesma celebração. Mas o faz com o santo crisma consagrado pelo patriarca ou pelo Bispo, o que exprime a unidade apostólica da Igreja, cujos vínculos são reforçados pelo sacramento da Confirmação. Na Igreja latina aplica-se a mesma disciplina nos batizados de adultos, ou quando se admite à comunhão plena com a Igreja um batizado de outra comunidade cristã que não recebeu validamente o sacramento da Confirmação.

> No **rito latino**, o ministro ordinário da confirmação é o Bispo. Embora o Bispo possa, quando houver necessidade, conceder aos presbíteros a faculdade de administrar a Confirmação, é conveniente que ele mesmo o confira, não esquecendo que é por este motivo que a celebração da Confirmação foi separada temporalmente do Batismo. Os Bispos são os sucessores dos Apóstolos, receberam a plenitude do sacramento da Ordem. A administração deste sacramento pelos Bispos marca bem que ele tem como efeito unir aqueles que o receberam mais intimamente à Igreja, às suas origens apostólicas e à sua missão de dar testemunho de Cristo.
>
> Fonte: CIC, 2000, n. 1312-1313, p. 362-363, grifo do original.

O Papa Inocêncio III (1160-1216) concebia a confirmação como o sacramento que confere ao fiel "o Espírito Santo para o crescimento e a robustez" (Ep. *Cum Venisset*, citado por Paulo VI, 1971). Para a realização da cerimônia, esse papa indicou a importância da imposição das mãos sobre a fronte do indivíduo que está recebendo o sacramento. Posteriormente, o Papa Inocêncio IV (1195-1254) reafirmou esse ato ao relembrar que os apóstolos comunicavam o Espírito Santo por meio dele (Paulo VI, 1971).

A matéria necessária para a realização do ritual de crisma, diferentemente do batismo, é óleo e bálsamo, conforme definido no Concílio de Florença (1431). No século XXI, isso foi reafirmado pelo Papa Bento XVI (citado por Paulo VI, 1971), que declarou que o sacramento da confirmação é dado por meio do "sagrado crisma, ou seja, óleo de oliva misturado com bálsamo e bento pelo bispo, enquanto o ministro traça o sinal da cruz sobre a fronte do crismando e pronuncia as palavras da fórmula". Conforme podemos perceber, a atual cerimônia do crisma tem como característica principal a unção com o crisma na testa, seguido da fórmula: "N, recebe por este sinal o dom do Espírito Santo".

Assim, o Espírito Santo completa, na confirmação, a graça batismal para a vivência da fé e para a missão no âmbito da Igreja e do mundo (Russo, 2015).

3.2 Sinais

De acordo com o CIC (2000, n. 1293, p. 358, grifo do original), é necessário considerar no crisma "o sinal da unção e aquilo que a unção designa e imprime: o **selo** espiritual". O óleo é sinal de muitas coisas: abundância (Dt 11,14ss), alegria (Sl 23,5), purificação (antes e depois do banho), agilidade (atletas e lutadores), alívio de contusões e feridas (Is 1,6) e, por fim, irradiação de beleza, saúde e força.

É por isso que, mediante essa unção, recebe-se na confirmação o selo do Espírito Santo, símbolo da pessoa, de sua autoridade e de sua propriedade sobre determinado objeto, que autentifica um ato jurídico e o torna eventualmente secreto (CIC, 2000). Essa imagem recorda o lacre de cera, da Antiguidade, muito usado para lacrar documentos e cartas sigilosas. Na cera quente vinha impresso, com um carimbo, o símbolo, o selo, do remetente. Assim, o termo *selo* é o distintivo usado para dar autenticidade a um ato ou à marca desse distintivo. Pôr um selo sobre um objeto indica também que a pessoa tomou posse dele (Russo, 2015). Assim como Cristo foi marcado pelo selo de seu Pai (Jo 6,27), os cristãos também são marcados dessa forma (2Cor 1,21-22).

No Novo Testamento, São Paulo estabelece uma relação entre o selo e a unção do Espírito (2Cor 1,21-22); em outra passagem, relaciona o selo à circuncisão de Abraão. No livro do Apocalipse (Ap 7,2-8; 9,4), é dito que os servos do Deus serão marcados na testa com o selo do Deus vivo.

Os Padres também já utilizaram a imagem do selo. São João Crisóstomo (?-407) e Teodoro de Mopsuestia (350-430) relacionaram-no às marcações que se faziam nas ovelhas e nos soldados romanos – o que, posteriormente, deu o significado de soldado de Cristo aos que recebem a confirmação.

> O Papa Paulo VI instituiu que a **crismação** (unção feita com o crisma) é um rito essencial da confirmação. Isso encerrou definitivamente o debate entre aqueles que eram a favor da crismação e os que defendiam a imposição das mãos.

A unção está presente na liturgia batismal desde o século II. Há testemunhos dela na Tradição Apostólica de Hipólito e em Tertuliano, conforme salientamos anteriormente. No Antigo Testamento, esse ritual simboliza bem-estar, suavidade, alegria (Pr 27,9; Sl 132,2) e fortaleza (Sl 92,11). Nesse sentido, ser ungido do Senhor ou ter recebido seu Espírito são duas fórmulas equivalentes (Russo, 2015).

No Novo Testamento, Jesus é ungido – *Cristo* significa "ungido". São Paulo afirma que aqueles que creem em Cristo são ungidos pelo Espírito (2Cor 1,21). A unção também é vista como efeito de cura em Mc 6,13 e Tg 5,1ss.

> A unção está presente na liturgia batisma desde o século II.

Atualmente, o ritual exige que o bispo pronuncie as palavras da fórmula sacramental ao mesmo tempo que faz a unção em forma de cruz na testa do confirmando (Ritual da Confirmação, n. 44). A fórmula anterior ao Concílio Vaticano II explicitava o gesto de assinalar com o sinal da cruz: "Eu te assinalo com o sinal da cruz e te confirmo com o crisma da salvação. Em nome do Pai e do Filho e do Espírito Santo" (Russo, 2015, p. 74).

Junto com o gesto da signação, pronuncia-se a fórmula "*accipe signaculum doni Spiritus Sancti*", ou seja, "Recebe o selo do dom do Espírito Santo", em uma tradução literal. Infelizmente, a palavra *selo* não aparece na tradução ao português que, oficialmente, ficou assim: "Recebe, por este sinal, o Espírito Santo, o Dom de Deus" (Russo, 2015, p. 74).

O simbolismo da imposição das mãos também é antigo na Sagrada Escritura, conforme já salientamos. No Antigo Testamento, esse gesto simboliza bênção (Gn 48,14-16), consagração para uma tarefa (Nm 27,18-23) e, com frequência, apresenta tom sacrifical (Lv 1,4; 3,2; 4,15). No Novo Testamento, Jesus impõe as mãos em várias ocasiões (Mt 19,13-15; Mc 8,23-25; 10; 16; etc.), a fim de abençoar, curar e até mesmo transmitir o dom do Espírito.

3.3 Matéria e forma

Dado que nos capítulos anteriores mencionamos esse tema, seguindo a terminologia escolástica – apesar das suas limitações –, nesta seção distinguiremos a matéria e a forma do sacramento da confirmação.

3.3.1 Matéria

Conforme ressaltamos anteriormente, ao longo dos séculos, houve muita oscilação entre a imposição das mãos e a unção com o óleo, o que abriu grandes discussões e diferenças entre o Oriente e o Ocidente. Além disso, nos primeiros séculos da Igreja, o rito da confirmação estava tão unido ao do batismo que, muitas vezes, era quase impossível separá-los.

Entretanto, no rito romano mais antigo, o de Hipólito (ca. 170-ca. 236), datado da primeira metade do século III, a confirmação era realizada imediatamente depois de o neófito ter recebido o batismo, por meio da imposição das mãos do bispo e da unção com óleo na cabeça. Daqui se seguiu no Ocidente a tradição de usar os dois gestos: imposição das mãos e unção.

O Papa Paulo VI (citado por AAS, 1972, p. 526, tradução nossa) esclarece que o ministro da confirmação não precisa impor as mãos enquanto faz "a crisma com o polegar; com efeito, a crisma assim cumprida manifesta de modo suficiente a imposição das mãos".

De maneira geral, a preparação do óleo é feita com azeite de oliva[2] misturado com perfume, que, posteriormente, é abençoado pelo bispo na Quinta-Feira Santa, quando também é realizada a consagração na missa crismal. Destacamos, no entanto, que o crisma não é simplesmente o óleo, mas um composto preparado especificamente para a bênção. O ordo de bênção dos óleos traz duas orações para a consagração do crisma (mais adiante analisaremos uma delas).

De certa forma, a consagração do santo crisma antecede a confirmação, dado que, além da imposição das mãos do bispo, a unção feita na testa com o crisma é matéria do sacramento da confirmação.

3.3.2 Forma

Como já demonstramos, matéria e forma são compostos de um só sacramento. O único problema é que o sacramento não é uma substância, mas um ato. As palavras acompanham a unção e servem para dar significado ao ato – portanto, são parte integral do sinal sacramental.

A respeito da confirmação, em At 8,15 só encontramos uma menção a uma oração que acompanha a imposição das mãos. Tertuliano e Cipriano descreveram uma unção com o crisma e uma invocação do

---

2 São aceitos outros azeites vegetais; contudo, não se admite o mineral ou animal como matéria remota para o sacramento da confirmação (Cf. Rito da benção do óleo e de consagração do crisma, n. 3).

Espírito Santo. Já Santo Ambrósio e Santo Agostinho consideravam importante invocar o Espírito Santo com os seus sete dons.

Nas Igrejas do Oriente, desde o século IV, usou-se uma fórmula com a expressão *selo do dom do Espírito Santo*. Com as evoluções teológicas, ela foi alterada para: "Eu te marco com o sinal da cruz e te confirmo com o crisma da salvação. Em nome do Pai, e do Filho e do Espírito Santo". Essa fórmula só foi trocada em 1971, com a renovação do rito do sacramento da confirmação. "N, recebe por este sinal o Dom do Espírito Santo".

Recordemos, no entanto, que a imposição das mãos não é necessária para a validade desse sacramento (AAS 64, 1972, citada por Moliné, 1999).

3.4 Consagração do crisma

O ato de consagrar o óleo do crisma, apesar de não fazer parte do rito da confirmação, está profundamente ligado a ele por confeccionar a matéria, o elemento significante (Russo, 2015).

O ordo de bênçãos dos óleos de 1970 nos proporcionou duas orações. Visto que *Lex Orandi, Lex Credendi*[3], mostraremos essas orações na sequência. A primeira delas tem uma clara estrutura trinitária: "Na primeira parte, faz-se uma *anamnesis* da obra divina da criação, recordando os principais acontecimentos da história da salvação em relação com o óleo, fruto da oliveira: criação, dilúvio, unção de Aarão e unção de Jesus" (Russo, 2015, p. 87). Na epíclese, parte central, invoca-se o Espírito Santo sobre o óleo para que se transforme no crisma, partícipe da força de Cristo. Isso leva à identificação do crismando com o Cristo, o ungido

---

3 Princípio teológico que significa que as orações tradicionais cristãs estão carregadas de conteúdos dogmáticos.

do Pai. Na última parte, aparecem os efeitos salvíficos do óleo abençoado por intercessão de Cristo. Observe a seguir as duas orações.

Anamnese

Prólogo
Ó Deus, autor de todo crescimento
e todo progresso espiritual
recebei com bondade a homenagem
que a Igreja, pela nossa voz,
vem prestar-vos com alegria.

Criação
Fizestes no princípio
que a terra produzisse árvores frutíferas,
e entre elas a oliveira,
cujos frutos fornecem este óleo tão rico
com que se prepara o santo crisma.

Dilúvio
E Davi, antevendo com espírito profético
os sacramentos da vossa graça,
cantou a nossa alegria
ao sermos ungidos pelo óleo.
Nas águas do dilúvio,
ao serem lavados os pecados do mundo,
uma pomba anunciou a paz restituída à terra,
trazendo um ramo de oliveira,
imagem do futuro dom,
que agora se manifesta claramente,
pois, apagada toda mancha de culpa
pelas águas do Batismo,
esta unção de óleo traz às nossas faces
a serenidade e a alegria.

Unção de Aarão
Também mandastes que vosso servo Moisés,
pela infusão deste óleo,
constituísse sacerdote seu irmão Aarão,
já purificado pela água.

Unção de Jesus
E a tudo isso se acrescenta honra ainda mais alta
quando nosso Senhor Jesus Cristo, vosso Filho,
exigindo que João o batizasse nas águas do Jordão,
e sendo-lhe enviado o Espírito Santo
sob forma de uma pomba,
proclamastes pelo testemunho de uma voz
que em vosso Filho Unigênito
estava todo o vosso amor
e claramente confirmastes ser Ele por excelência
o Ungido com o óleo de alegria,
anunciado pelo profeta Davi.

Epíclese

Por isso,
nós vos suplicamos, ó Pai,
que santifiqueis este óleo
com a vossa bênção.
Infundi-lhe a força do Espírito Santo,
pelo poder de vosso Cristo,
que deu o seu nome ao santo crisma,
com o qual ungistes vossos sacerdotes e reis,
vossos profetas e mártires.

Intercessões

Crisma: batismo e templo de Deus — Fazei com que este óleo do crisma seja sacramento de perfeita salvação e vida para os que são renovados nas águas do Batismo. Santificados por esta unção, e sanada a corrupção original, tornem-se templo da vossa glória, e manifestem a integridade de uma vida santa.

Crisma: dignidade real, sacerdotal e profética — Segundo a disposição da vossa vontade, cumulados da honra de *reis, sacerdotes e profetas*, revistam-se de um dom incorruptível.

Crisma: vida eterna e glória — Para os que renascerem da água e do Espírito, seja crisma de salvação, fazendo-se participantes da vida eterna e herdeiros da glória celeste. Por Cristo, nosso Senhor. Amém.

Fonte: Russo, 2015, p. 89, grifo do original.

Essa magnífica joia da teologia sacramental associa os valores naturais do óleo à história da salvação. Todo esse simbolismo atinge o auge na pessoa de Jesus Cristo, o ungido de Deus. Com a unção com o crisma – no batismo, na confirmação, na ordem presbiteral e episcopal –, os fiéis são levados a participar da dignidade sacerdotal, profética e real de Cristo (Russo, 2015).

Síntese

Neste capítulo, apresentamos a origem do sacramento da confirmação e de que maneira seu ritual foi concebido ao longo dos séculos. A Sagrada Escritura apresenta diversos textos que mostram os sinais concretos utilizados nesse sacramento, desde a efusão do Espírito prometida a todo o povo de Israel (Is 44,3) até a profecia de que o Espírito será derramado sobre todos os seres vivos (Jl 3,1). Como demonstramos, esses sinais aparecem tanto no Antigo quanto no Novo Testamento, sendo os principais a unção e a imposição das mãos.

No Novo Testamento, o Espírito desceu na pessoa de Cristo como Seu próprio espírito. Conforme pudemos demonstrar, é possível entrever como Cristo enviou o Espírito e ensinou seus apóstolos a administrar tal sacramento.

Outra questão que abordamos foi a de que, muitas vezes, principalmente nos testemunhos antigos, o sacramento do crisma se confunde com o batismo. Nos Atos dos Apóstolos, por exemplo, aparece um rito conectado ao batismo que transmite o Espírito Santo pela imposição das mãos. Assim, buscamos esclarecer a distinção entre esses dois sacramentos e como essa questão foi tratada ao longo do tempo. A tão debatida diferença entre imposição das mãos e unção, por fim, foi concluída pelo Papa Paulo VI, que definiu a crismação como rito essencial da confirmação.

Por fim, apresentamos a teologia presente no rito da consagração do óleo do crisma, uma joia teológica que associa os valores naturais do óleo à história da salvação.

Atividades de autoavaliação

1. O sacramento da confirmação se confundiu com o do batismo nos primeiros séculos da Igreja. Naquela época, o catecúmeno – após percorrer o caminho de iniciação cristã – recebia de uma só vez os três sacramentos (batismo, crisma e comunhão). Nesse sentido, os gestos de imposição das mãos e da unção com o óleo ficaram presentes tanto no batismo quanto no crisma. A esse respeito, analise as afirmações a seguir.

    I. No Antigo Testamento, o Espírito representava a força divina atuante na criação e na história.
    II. O Espírito atuou nos juízes Sansão, Gedeão e Saul.
    III. O Espírito atuou nos reis Davi, Josué e Eliseu e descansou sobre o rei messiânico.
    IV. O rito de unção é o sinal da presença do Espírito.
    V. O Espírito atuou nos profetas Amós, Jeremias e Oséias.

    Agora, assinale a alternativa que apresenta a resposta correta:
    a) Todas as afirmações estão corretas.
    b) Apenas as afirmações IV e V estão corretas.
    c) Apenas as afirmações I, II e IV estão corretas.
    d) Apenas as afirmações I, III e IV estão corretas.

2. No Novo Testamento, o Espírito Santo desceu de uma vez por todas na pessoa de Jesus. Com base nessa afirmação, analise as afirmações a seguir.

    I. O termo *unção* é usado para se referir ao batismo de Jesus com a intenção de destacar que Ele estava repleto de Espírito Santo (At 10,38), ressaltando, assim, sua filiação divina (Hb 1,9).
    II. O termo *unção* não se refere aos cristãos, mas somente a Cristo e à sua missão de Cristo do Pai.

III. O Espírito Santo só desceu em Jesus Cristo, ou seja, não desceu em seus discípulos e apóstolos, que só o receberam de forma analógica.

Agora, assinale a alternativa que apresenta a resposta correta:
a) Apenas a afirmação I está correta.
b) As afirmações I e II estão corretas.
c) Apenas a afirmação III está correta.
d) Todas as afirmações estão corretas.

3. Em nosso estudo, destacamos que o crisma não é simplesmente o óleo, mas um composto preparado pelo bispo, na Quinta-Feira Santa, especificamente para a bênção. Qual é esse composto?
   a) Azeite de oliva e perfume.
   b) Óleo de mocotó com perfume.
   c) Incenso com azeite de dendê.
   d) Óleo vegetal misturado com água benta.

4. No batismo, o essencial do sacramento é derramar água pronunciando a fórmula "N, eu te batizo em nome do Pai, do Filho e do Espírito Santo". Qual é a essência do sacramento do crisma?
   a) A imposição das mãos.
   b) A consagração do óleo do crisma na Quinta-Feira Santa.
   c) A imposição das mãos e a unção com o óleo.
   d) A unção com o crisma e a fórmula "N, recebe por este sinal o Dom do Espírito Santo".

5. No século V, alguém lançou a ideia de que a confirmação armava o cristão para que fosse um soldado de Cristo. Quem é o autor dessa afirmação?
   a) Rabanus Maurus.
   b) Fausto.
   c) Santo Agostinho.
   d) Santo Tomás de Aquino.

Atividades de aprendizagem

Questões para reflexão

1. O sacramento da confirmação imprime caráter e infunde graça. Com base nessa afirmação, faça uma análise de como esse sacramento é valorizado atualmente pelos católicos e qual o papel do Espírito Santo na espiritualidade e na vida da Igreja.

2. Os primeiros cristãos estavam mais próximos dos eventos principais do cristianismo, como a vida de Cristo e Pentecostes. Qual a diferença entre eles e nós? O Espírito Santo não atua mais como atuava?

3. Sabemos que todos os sacramentos foram instituídos diretamente por Cristo. Com base nisso, analise a afirmação de que a confirmação foi inventada pela Igreja Católica e, portanto, não tem importância.

Atividades aplicadas: prática

1. Faça um fichamento da *Constituição Apostólica Divinae Consortium Naturae*, do Papa Paulo VI, e destaque suas principais ideias.

    PAULO VI, Papa. **Constituição Apostólica Divinae Consortium Naturae**. Roma, 15 ago. 1971. Disponível em: <http://w2.vatican.va/content/paul-vi/pt/apost_constitutions/documents/hf_p-vi_apc_19710815_divina-consortium.html>. Acesso em: 31 jan. 2018.

2. Pesquise outros ritos de confirmação que ainda são utilizados no Oriente e compare-os com o rito da Igreja Católica Romana à luz do que foi apresentado neste capítulo.

4 Crisma: ministro e efeitos[1]

---

[1] Todas as passagens bíblicas indicadas neste capítulo são citações de Bíblia (2000).

Após apresentarmos no capítulo anterior os aspectos históricos e de que maneira é realizado o ritual do crisma, indicaremos neste capítulo o ministro responsável e os efeitos desse sacramento. Será que a confirmação é como o batismo e pode ser administrada por qualquer leigo? Que diferença faz para a vida espiritual receber ou não tal sacramento?

Os efeitos da confirmação são o aperfeiçoamento da graça batismal, o recebimento do dom do Espírito Santo, a incorporação mais firme a Cristo e uma vinculação mais sólida com a Igreja. Esse sacramento imprime na alma do cristão um sinal espiritual, de caráter indelével. Por essa razão, só é possível recebê-lo uma vez na vida, pois, assim como não existe a possibilidade de se rebatizar um batizado, não se pode recrismar um crismado.

4.1 Ministro e destinatários

No Oriente, administra-se esse sacramento imediatamente após o batismo. O recebimento da confirmação, nesse hemisfério, é seguido da participação da eucaristia, tradição que destaca a unidade dos três sacramentos da iniciação cristã. No Ocidente, reserva-se a confirmação a uma idade mais madura, pois o candidato deve "estar em estado de graça, **ter a intenção de receber o sacramento** e estar preparado para assumir sua função de discípulo e de testemunha de Cristo" (CIC, 2000, n. 1319, p. 364, grifo nosso).

O ministro responsável pela confirmação é o bispo. Em casos extraordinários, o presbítero pode realizar a cerimônia. No entanto, como demonstraremos a seguir, trata-se de um sacramento que não admite em hipótese alguma o leigo como ministro.

4.1.1 Ministro

A Constituição Dogmática *Lumen Gentium* (Paulo VI, 1964a, n. 26) e a Conferência Episcopal Portuguesa (2018c, n. 7) indicam o bispo como ministro originário. Contudo, a lei canônica prefere o termo *ordinário*, dado que ele indica melhor que o bispo goza do poder e da faculdade adequados para ministrar o sacramento, tendo em vista a ordem e o ofício episcopal.

Leiamos com atenção essa passagem do Novo Testamento:

> Mas, depois que acreditaram em Filipe, que lhes anunciava o Reino de Deus e o nome de Jesus Cristo, homens e mulheres pediam o batismo. Simão também acreditou e foi batizado. Ele não abandonava Filipe, admirando, estupefato, os grandes milagres e prodígios que eram feitos. Os apóstolos que se achavam em Jerusalém, tendo

ouvido que a Samaria recebera a palavra de Deus, enviaram-lhe Pedro e João. Estes, assim que chegaram, fizeram oração pelos novos fiéis, a fim de receberem o Espírito Santo, visto que não havia descido ainda sobre nenhum deles, mas tinham sido somente batizados em nome do Senhor Jesus. Então os dois apóstolos lhes impuseram as mãos e receberam o Espírito Santo. (At 8,12-17)

Depois de o diácono Filipe ter batizado várias pessoas, dois apóstolos que estavam em Jerusalém, Pedro e João, foram a essas pessoas e oraram sobre elas a fim de que recebessem o Espírito Santo, que ainda não havia descido em nenhuma delas, visto que somente haviam sido batizadas em nome de Cristo. Em outras palavras, Pedro e João tinham a plenitude do sacerdócio que os bispos têm.

No rito latino, embora o bispo possa delegar o ritual do crisma aos sacerdotes, é conveniente que ele mesmo o administre, a fim de recordar que foi por essa razão que houve a separação temporal entre esse sacramento e o batismo. A motivação teológica vem da plenitude do sacramento ministrado pela ordem dos bispos, que são sucessores dos apóstolos. A missão do bispo é unir mais intimamente à Igreja aqueles que recebem o sacramento da confirmação.

Dentro do rito de iniciação cristã, nos primeiros séculos, a parte da confirmação sempre foi reservada ao bispo, que atua como testemunha Hipólito. Para Santo Tomás de Aquino, no batismo, a pessoa se transforma em morada espiritual, ao passo que na confirmação a pessoa é consagrada para se tornar templo do Espírito Santo. Portanto, esse ato de aperfeiçoamento deve ser reservado ao ministro mais perfeito, isto é, o bispo.

No rito oriental, qualquer sacerdote pode administrar o sacramento da confirmação – mas somente com o óleo consagrado pelo bispo. Na maioria dos casos, como já salientamos algumas vezes, isso é feito logo após o batismo. No rito ocidental,

> A missão do bispo é unir mais intimamente à Igreja aqueles que recebem o sacramento da confirmação.

apesar de o ministro ordinário ser o bispo, em caso de perigo de morte, "qualquer presbítero pode dar-lhe a confirmação" (CIC, 2000, n. 1314, p. 363) – no entanto, assim como no rito oriental, somente com o óleo consagrado pelo bispo.

4.1.2 Pessoas aptas a receber a confirmação

A quem é dada a condição de receber o sacramento da confirmação? Conforme estabelece o Cân. 889, parágrafo 1, do Código de Direito Canônico (CDC, 2007), somente quem já foi batizado pode receber a confirmação – salvo casos em que haja perigo de morte, no qual a pessoa, independentemente de sua idade, poderá receber o batismo e, em seguida, a confirmação e a eucaristia. Em casos normais, o Cân. 889, parágrafo segundo, do CDC (2007) assinala as seguintes condições: 1) ter atingido o uso da razão; 2) estar convenientemente instruído quanto às implicações; 3) estar bem disposto e 4) poder renovar as promessas do batismo.

Conforme podemos perceber, para que o sacramento seja válido, é necessário também que haja a intenção de recebimento. Para que a recepção seja lícita deve-se, ainda, ter a devida instrução e estar na graça de Deus (Moliné, 1999). Nesse caso, entram como exceção aqueles que são incapacitados por problemas de natureza psíquica (Gomes; Ramos; Lima, 2013).

O Concílio de Trento sugere a idade de 7 anos para a realização do sacramento, algo indicado em vários documentos posteriores ao Concílio Vaticano II. Todavia, por motivos pastorais, a confirmação pode ser administrada em uma idade mais madura.

No geral, na Igreja latina, espera-se que a criança tenha atingido a idade da razão, aceitando-se antecipar o sacramento apenas em caso de perigo de morte ou por alguma outra razão extraordinária, como no caso de uma criança que more em uma região em que não há sacerdotes missionários. Suponhamos que nessa região raramente passem sacerdotes; nesse caso, como a criança poderia precisar esperar anos para receber o sacramento, é possível administrá-lo com urgência, dado que não se trata de uma circunstância normal.

Para o Brasil, a Conferência Episcopal estabeleceu a idade de 16 anos, norma que a Santa Sé aprovou. As normas de cada diocese devem seguir mais ou menos esses padrões. No entanto, convém lembrar o que afirma o Catecismo da Igreja Católica (CIC) a esse respeito:

> Se às vezes se fala da Confirmação como o "sacramento da maturidade cristã", nem por isso se deve confundir a idade adulta da fé com a idade adulta do crescimento natural, nem esquecer que a graça batismal é uma graça de eleição gratuita e imerecida que não precisa de uma "ratificação" para tornar-se efetiva. (CIC, 2000, n. 1308, p. 361)

O mais apropriado, sem dúvida, seria que esse sacramento fosse administrado antes da adolescência, para que a criança pudesse contar com todo o auxílio possível na hora de enfrentar uma etapa tão cheia de desafios. Moliné (1999) aconselha não atrasar muito a recepção da confirmação, a fim de não privar o jovem de uma ajuda tão importante na luta contra as tentações.

4.2 Efeito

De acordo com o CIC (2000, n. 1302, p. 360), o principal efeito "do sacramento da Confirmação é a efusão especial do Espírito Santo, como foi outorgado outrora aos apóstolos no dia de Pentecostes". Nesse sentido, há o aprofundamento da graça batismal:

– enraíza-nos mais profundamente na filiação divina, que nos leva a dizer "Abba! Pai!" (Rm 8,15);

– une-nos mais solidamente a Cristo;

– aumenta em nós os dons do Espírito Santo;

– torna mais perfeita nossa vinculação à Igreja;

– dá-nos uma força especial do Espírito Santo para difundir e defender a fé pela palavra e pela ação, como verdadeiras testemunhas de Cristo, para confessar com valentia o nome de Cristo e para nunca sentir vergonha em relação à cruz. (CIC, 2000, n. 1303, p. 360)

Assim, podemos elencar alguns efeitos da confirmação. O primeiro é o **aumento da graça santificante**, como ocorre em todos os sacramentos, especialmente dos dons do Espírito Santo, que nos introduz mais profundamente na filiação divina. O segundo é a **graça sacramental**, que nos ajuda a professar publicamente a nossa fé. O Concílio de Trento pontua que na confirmação o Espírito Santo nos é dado com vistas ao fortalecimento, do mesmo modo como ocorreu com os apóstolos no dia de Pentecostes, a fim de que confessemos alegremente o nome de Cristo (Denzinger, 2007). Trata-se de uma graça sacramental que supõe também todo tipo de ajuda para a luta espiritual (Tomás de Aquino, [s.d.]). Daí provém a afirmação da *Lumen Gentium*, do Papa Paulo VI (1964a), de que esse é o momento de servir a Cristo como soldado, como *miles christi*, para difundir a fé. Por fim, há o caráter próprio de **selo do Espírito Santo**, que nos coloca a serviço do Senhor para sempre (CIC, 2000).

Embora a confirmação confira o selo de Cristo, esse não é um sacramento necessário para a salvação – contudo, é importante para o desenvolvimento da vida cristã. Um debate que ocorre entre teólogos é se a confirmação é preceito grave. O fato é que a disciplina atual da Igreja afirma que a confirmação é necessária para a plenitude da graça batismal e que os fiéis são obrigados a recebê-la no tempo oportuno (CDC, 2007).

Para compreender melhor o que a confirmação nos acrescenta, faremos uma comparação entre três sacramentos: o batismo, a confirmação e a ordem. O batismo une o cristão com Cristo e com a sua Igreja; a confirmação dá ao batizado uma missão dentro da Igreja, como leigo; e a ordenação o faz partícipe da função de Cristo, mediador entre Deus e os homens.

Se o batismo destaca mais a dimensão individual da pessoa na Igreja, a confirmação enfatiza o aspecto comunitário. A relação que há entre confirmação e amadurecimento da vida cristã é precisamente o crescimento da consciência da responsabilidade de se fazer o bem e lutar contra o mal como soldado de Cristo. Obviamente, o Espírito Santo já está na alma desde o batismo – o recebimento do crisma apenas o confirma.

4.2.1 Os dons do Espírito Santo[2]

São sete os dons do Espírito Santo: entendimento, sabedoria, conselho, fortaleza, ciência, piedade e temor de Deus. A seguir, apresentaremos cada um deles com base no que foi proferido pelo Papa Francisco.

De acordo com o Papa Francisco, o **entendimento** não se trata da nossa capacidade intelectual, mas de algo mais profundo: "é uma graça que só o Espírito Santo pode infundir e que suscita no cristão a capacidade de ir além do aspecto externo da realidade e **perscrutar as profundidades do pensamento de Deus e do seu desígnio de salvação**" (Francisco, 2014c, grifo do original). Já a **sabedoria** é o dom que nos permite enxergar a realidade através dos olhos de Deus.

O **conselho** é o que nos orienta nas escolhas, a fim de nos manter em comunhão com Deus. Já o dom da **fortaleza** permite que nos

---

[2] Seção elaborada com base nos discursos do Papa Francisco: entendimento (2014c), sabedoria (2014b), conselho (2014d), fortaleza (2014e), ciência (2014f), piedade (2014g) e temor a Deus (2014h).

mantenhamos firmes no caminho de Deus, libertando-nos em situações de incerteza e medo.

Por sua vez, o dom da **ciência**, que transcende o conhecimento humano, "nos leva a entender, através da criação, a grandeza e o amor de Deus e a sua profunda relação com cada criatura" (Francisco, 2014f).

A **piedade** é o dom que indica nosso pertencimento e vínculo com Deus. Não se trata da compaixão pelos nossos irmãos, mas da nossa devoção e comunhão com Deus.

Por fim, há o dom do **temor de Deus**. Apesar do nome, esse dom não sugere que tenhamos medo do Senhor, mas que jamais esqueçamos nossa pequenez diante de Sua grandeza nem de Seu amor e Sua infinita bondade, aos quais devemos nos entregar.

4.3 Aspectos pastorais

Entre os aspectos pastorais relativos ao sacramento da confirmação, vamos destacar somente dois – os sacramentos da confirmação e do matrimônio – e os detalhes do ritual do crisma.

4.3.1 Matrimônio e confirmação

Com certa frequência, costumamos ouvir que determinada pessoa não pode se casar por não ter recebido o sacramento da confirmação. Contudo, isso é verdade? De acordo com o Cân. 1.065 do Código de Direito Canônico (CDC, 2007, p. 272, grifo nosso): "§1. Os católicos que ainda não receberam o sacramento da confirmação recebam-no antes de serem admitidos ao matrimônio **se isto for possível fazer sem grave incômodo**". Como podemos perceber, trata-se apenas de uma recomendação pastoral, e não de uma norma que obriga o recebimento da confirmação para a validade do matrimônio. Por isso, o CDC (2007), em seu Cân. 1.065, afirma com clareza: sem grave incômodo.

Um pároco estaria extrapolando o seu poder se proibisse o casamento porque os noivos não estão crismados: "Ninguém pode negar a celebração do casamento na igreja se os noivos não se confessarem, ou não comungarem, ou não tenham recebido ainda o sacramento da confirmação" (Gomes; Ramos; Lima, 2013, p. 1108).

O fundamento dessa reflexão está no fato de que **ninguém pode ser pressionado a receber os sacramentos**. O matrimônio é direito natural e não pode ser negado. O sacramento é uma graça que deve ser aceita espontaneamente pela pessoa, e, ao mesmo tempo, deve haver uma preparação para recebê-lo. O máximo que o sacerdote pode fazer é solicitar ao ordinário do lugar que lhe seja concedida "licença" para que o seu súdito seja crismado em tempo mais oportuno, depois da celebração do casamento, como prevê a Conferência Episcopal Portuguesa (2018c, n. 12).

No entanto, o CDC (2007) deixa claro que a confirmação é um requisito exigido para qualquer candidato a entrar no seminário maior (241, §2º) e ao noviciado (241, §2º).

Por outro lado, devemos reconhecer que é muito justo que somente pessoas com esse sacramento possam exercer a missão de padrinhos de batismo, receber as ordens sagradas e tantos outros ministérios (CDC, 2007). É conveniente "que se assuma como padrinho o mesmo que assumiu esse encargo no batismo" (CDC, 2007, Cân. 893, §2º, p. 237).

4.3.2 A celebração da confirmação [3]

O ritual contextualiza a celebração da confirmação dentro da eucaristia, marcada por um rito de entrada e outro de despedida, entre os quais há três momentos fortes: 1) a proclamação da Palavra; 2) o rito sacramental da confirmação; e 3) o sacramento da eucaristia (Russo, 2015). A seguir, apresentaremos cada etapa.

Rito de entrada

A admoestação de entrada não deve conter muitas ideias, devendo se limitar a enfatizar o sentido da presença do bispo, o caráter gozoso da celebração, o sentido do canto de entrada etc., deixando ao presidente da celebração ideias mais fortes, como os efeitos da confirmação ou o dom do Espírito.

O grande perigo desse tipo de celebração de cunho mais catequético é o excesso de verbalização. Dada a simplicidade do rito, é importante equilibrar o conjunto das admoestações.

- O canto deve destacar o dom do Espírito Santo.
- Recomenda-se entrar com o círio pascal e pô-lo perto do ambão.

O presidente pode saudar de forma bíblica e humana os presentes, estabelecendo um laço de familiaridade e estimulando todos a vivenciarem esse momento no próprio coração. Para encerrar, faz-se uma das orações da coleta – são quatro propostas pelo ritual.

Convém que os crismandos estejam próximos ao altar, dado que, em muitos momentos da celebração, a sua participação é importante.

Celebração da Palavra

É o momento de a comunidade ouvir a Palavra que o Senhor tem a dizer. Deve-se considerar vários detalhes na escolha das leituras: a preparação

---

[3] Seção elaborada com base no *Manual de Liturgia III* (Celam, 2015).

prévia, o grau de instrução dos presentes, o tempo em que se celebra etc. Tudo isso aponta na direção do dom do Espírito. O importante é compreender o sentido de toda a história da salvação.

O salmo responsorial deve espelhar a primeira leitura. Os salmos propostos são convite ao louvor, à confiança em Deus, ao compromisso de dar testemunho de seu amor na assembleia dos fiéis.

Antes da homilia, deve-se apresentar os confirmandos ao bispo. Estes são chamados um a um – caso não sejam muitos – ao presbitério para serem apresentados pelo pároco ou responsável da catequese. Diante do bispo e de toda a comunidade, o responsável assegura que houve uma séria preparação para esse momento.

O ritual, no momento da homilia, deve esclarecer melhor o sentido profundo do sacramento e aplicar a liturgia da Palavra à vida dos presentes. A Conferência Episcopal Portuguesa (2018c, n. 22) sugere algumas ideias para o ritual de confirmação, conforme podemos conferir a seguir.

> Nos dias atuais, a vinda do Espírito Santo não se manifesta da mesma forma como se manifestou em Pentecostes, com os apóstolos e Maria reunidos no Cenáculo. Não há línguas de fogo descendo do céu, nem dons de língua e muito menos prodígios extraordinários. No entanto, isso não quer dizer que o Espírito Santo não desça realmente. Muito pelo contrário. Continua sendo Ele que infunde nos nossos corações o amor de Deus, é Ele o responsável pela unidade, por unir-nos em um só corpo, apesar das diferenças de carismas e de vocações; é Ele que faz com que a Igreja cresça na santidade.
>
> Os confirmandos foram um dia consagrados a Deus pelo batismo e agora estão a ponto de receber a força do Espírito Santo. Eles serão marcados na testa com o sinal da cruz e deverão dar ao mundo testemunho da morte e ressurreição de Cristo.

Após a homilia, começam os três momentos do rito sacramental da confirmação: renovação das promessas batismais, rito da imposição das mãos e unção com o crisma.

Renovação das promessas batismais

Esse rito explicita a relação da confirmação com o batismo. Há um valioso diálogo entre o bispo e os pais, padrinhos e, especialmente, confirmandos. Os candidatos têm nas mãos um círio aceso com a chama do círio pascal.

> **Terminada a homilia, o Bispo senta-se de mitra e báculo e interroga os confirmandos; estes, de pé, respondem conjuntamente.**
> Renunciais a Satanás, a todas as suas obras e a todas as suas seduções?
>
> **Confirmandos**
> Sim, renuncio.
>
> **Bispo**
> Credes em Deus Pai todo-poderoso, criador do céu e da terra?
>
> **Confirmandos**
> Sim, creio.
>
> **Bispo**
> Credes em Jesus Cristo, seu único Filho, nosso Senhor, que nasceu da Virgem Maria, padeceu e foi sepultado, ressuscitou dos mortos e está à direita do Pai?
>
> **Confirmandos**
> Sim, creio.
>
> **Bispo**
> Credes no Espírito Santo, Senhor que dá a vida, e que hoje, pelo sacramento da Confirmação, de modo singular vos é comunicado, como aos Apóstolos no dia do Pentecostes?

> **Confirmandos**
> Sim, creio.
>
> **Bispo**
> Credes na santa Igreja Católica, na comunhão dos Santos, na remissão dos pecados, na ressurreição da carne e na vida eterna?
>
> **Confirmandos**
> Sim, creio.
>
> **O Bispo faz sua esta profissão, proclamando a fé da Igreja:**
> Esta é a nossa fé. Esta é a fé da igreja, que nos gloriamos de professar em Jesus Cristo, Nosso Senhor.
>
> **E a assembleia dos fiéis dá o seu assentimento, respondendo:**
> Amém.

Fonte: Conferência Episcopal Portuguesa, 2018c, p. 27, grifo do original.

Nesse diálogo, cada candidato renova as promessas que os padrinhos fizeram por eles no batismo. Agora amadurecidos na fé, cada um se propõe a testemunhar publicamente a fé que professa. Os candidatos devem responder às perguntas do bispo, a fim de renovar os compromissos batismais. A assembleia apenas testemunha esse momento (Russo, 2015).

Rito da imposição das mãos

Como vimos anteriormente, a imposição de mãos "é reconhecida pela tradição católica como início do Sacramento da Confirmação, o qual perpetua, de algum modo, na Igreja, a graça do Pentecostes" (Conferência Episcopal Portuguesa, 2018c, p. 14). Por isso, não obstante o rito sacramental ser a unção,

> a imposição das mãos que se faz sobre os confirmandos [...], embora não requerida para a validade do sacramento, é tida em grande conta para assegurar a integridade do rito e uma compreensão mais plena do sacramento. [...]

> Pela imposição das mãos sobre os confirmandos, feita pelo Bispo e pelos presbíteros concelebrantes, exprime-se o gesto bíblico pelo qual se invoca o dom do Espírito Santo, de maneira muito adequada à inteligência do povo cristão. (Conferência Episcopal Portuguesa, 2018c, n. 9, p. 21)

Russo (2015) destaca que no ritual da confirmação o rito da imposição das mãos é tido em três momentos:

1. Há uma admoestação introdutória, pronunciada pelo bispo, em que se pede à assembleia que ore para o Espírito fortalecer os confirmandos com a abundância dos seus dons, consagrando-os com sua unção espiritual e transformando-os em imagem perfeita de Jesus Cristo. "Roguemos, irmãos e irmãs, a Deus Pai todo-poderoso, que derrame o Espírito Santo sobre estes seus filhos e filhas adotivos, já renascidos no Batismo para a vida eterna, a fim de confirmá-los pela riqueza de seus dons e configurá-los pela sua unção ao Cristo, Filho de Deus" (Farnés, 1972, citado por Russo, 2015, p. 96).
2. O bispo convida todos a orar em silêncio por alguns minutos, como forma de interceder pelos confirmandos.
3. O bispo e os presbíteros concelebrantes impõem as mãos aos confirmandos. O presidente, então, pronuncia a oração; trata-se da invocação a Deus para Ele enviar Seu Espírito sobre esse grupo de confirmandos.

Tal oração é importante, mas não faz parte da essência do rito sacramental, como afirmam a Constituição Apostólica *Divinae Consortium Naturae* (Paulo VI, 1971) e a introdução ao ritual da confirmação (Conferência Episcopal Portuguesa, 2018c, n. 9).

A seguir, apresentamos uma oração retirada do Sacramentário Gelasiano:

Anamnese Rm 6,3-4.6-7.11 Jo 3,5	1 – Deus todo-poderoso, Pai de nosso Senhor Jesus Cristo, 2 – que, pela água e pelo Espírito Santo, 3 – fizestes renascer estes vossos servos e servas, 4 – libertando-os do pecado,
Epíclese Jo 14,16-17.26 Is 11,1-3	5 – enviai-lhes o Espírito Santo Paráclito; 6 – dai-lhes, Senhor, o espírito de sabedoria e inteligência 7 – espírito de conselho e fortaleza 8 – o espírito de ciência e piedade 9 – e enchei-os do espírito do vosso temor. 10 – Por Jesus, nosso Senhor. Amém.

Fonte: Adaptado de Russo, 2015, p. 98.

Essa é uma oração epiclética[4] que invoca o Espírito Santo sobre uma pessoa. Na missa crismal, há duas invocações desse tipo: uma sobre o óleo e outra sobre os confirmandos. Como salientamos, trata-se da mesma oração do sacramentário gelasiano com algumas poucas modificações. Essencialmente, como podemos notar, esse rito conserva uma estrutura trinitária, contém uma anamnese do batismo, recorda dois efeitos desse sacramento e a promessa dos sete dons do Espírito Santo.

A unção com o crisma

A unção com o crisma é o gesto que, atualmente, constitui o sinal essencial do sacramento, sem o qual não é possível dar a confirmação. A crismação, mais do que a imposição das mãos, simboliza perfeitamente a incorporação plena a Cristo, rei, sacerdote e profeta, a tal ponto que amiúde foi denominada "o sacramento da crisma" (Russo, 2015, p. 99). O fato de a crismação ser realizada pelo bispo indica a unidade da Igreja em torno daquele que faz as vezes de Cristo.

---

4 Palavra que vem do grego *Epi-Kaleo* ("chamar sobre").

O padrinho, com a mão no ombro do confirmando, diz ao bispo o nome do afilhado – ou o próprio candidato pode fazê-lo. A pronúncia do nome é um gesto de pedido do sacramento. O bispo, então, traça o sinal da cruz com óleo, pronunciando as palavras "recebe por este sinal o dom do Espírito Santo". Esse é o breve rito. A unção deve ser generosa, em toda testa, não só nas sobrancelhas; também não se deve enxugar a testa dos confirmados. Dessa forma, os recém-crismados se tornam ungidos pelo Espírito.

O ato de traçar o sinal da cruz, a signação, é muito antigo. Esse selo, como já mencionamos em outros capítulos, é a marca do Espírito que testemunhará a nosso favor ou contra no dia do juízo final: a nosso favor, se tivermos sido fiéis a essa marca; contra nós, se não tivermos sido fiéis. O caráter sacramental nos acompanhará no céu ou no inferno eternamente. Sem dúvida, na danação, tal sinal será motivo de mais sofrimento eterno.

> O fato de a crismação ser realizada pelo bispo indica a unidade da Igreja em torno daquele que faz as vezes de Cristo.

A fórmula atual foi tomada do rito bizantino por expressar o elemento essencial da confirmação (Espírito Santo); manifestar claramente a ação de graça do sacramento (dom do…); e indicar seu efeito presente e, ao mesmo tempo, escatológico ("recebe o selo" = *signaculum*) (Russo, 2015).

Rito sacramental da eucaristia e rito da conclusão

A renovação das promessas batismais, realizada no âmbito da eucaristia, completa a manifestação de unidade desses três sacramentos da iniciação cristã. Uma bênção solene é contemplada no ritual, com as mãos estendidas sobre a assembleia.

4.3.3 Confirmação como sacramento da iniciação cristã

Se uma pessoa quisesse se tornar cristã, tradicionalmente deveria passar por uma iniciação. Assim era o costume. Tal iniciação era bastante acentuada nos primeiros séculos do cristianismo, dado que tornar-se cristão era algo bastante difícil, praticamente um esporte radical e de alto risco – não muito diferente do que acontece em vários países hostis ao cristianismo hoje.

A iniciação cristã, o caminho que deveria ser percorrido para se ingressar no cristianismo, tinha e continua tendo três fases. Embora cada uma apresente significado próprio, elas formam uma unidade: "os três sacramentos da iniciação de tal modo estão unidos entre si, que, por eles, os fiéis chegam ao seu pleno desenvolvimento e exercem a missão de todo o povo cristão na Igreja e no mundo" (Conferência Episcopal Portuguesa, 2018d, n. 2, p. 10).

Russo (2015) destaca que a ordem de recepção desses sacramentos é importante, pelo menos de forma ideal – a confirmação deveria suceder a celebração do batismo e preceder a da eucaristia. Contudo, é preciso sempre considerar o elemento catecumenal e de evangelização.

No "Batismo, torna-se visível o mistério da Páscoa. Na Confirmação visibiliza-se o de Pentecostes. E na Eucaristia, expressa-se a união da Cabeça com seus membros. O batismo regenera, a confirmação aperfeiçoa, a eucaristia conclui" (Russo, 2015, p. 106). O ápice dessa iniciação encontra-se na eucaristia, objeto dos dois próximos capítulos.

Síntese

Neste capítulo, demos continuidade à nossa abordagem sobre o sacramento da confirmação. Inicialmente, tratamos da matéria e da forma e apresentamos o ministro do sacramento do crisma, que é o bispo.

Primeiramente, esclarecemos que a faixa etária mínima para o recebimento do sacramento é sete anos, pois se trata de uma idade em que a pessoa pode decidir pelo recebimento ou não do sacramento. Em algumas conferências episcopais, opta-se por uma idade um pouco mais avançada, mas sempre dando prioridade ao recebimento antes da adolescência.

Também pudemos demonstrar que, embora o Espírito esteja conosco desde o batismo, na confirmação recebemos um selo que nos marca, aprofundando nossa aliança com Cristo.

Com relação à obrigatoriedade desse sacramento para o matrimônio, esclarecemos que não há uma obrigação formal que o impeça. O fundamento dessa reflexão está no fato de que ninguém pode ser pressionado a receber os sacramentos. No entanto, é necessário ter recebido o crisma para os candidatos a seminários maiores e noviciados.

Por fim, constatamos que a crismação, mais do que a imposição das mãos, simboliza perfeitamente a incorporação plena a Cristo.

Atividades de autoavaliação

1. Em alguns lugares, é comum a ideia de que, para se receber o sacramento do matrimônio, os cônjuges devem ter recebido o sacramento do crisma. No capítulo que acabamos de estudar, aprendemos que isso não é propriamente uma obrigação, mas um conselho pastoral. Por qual motivo não se pode exigir de uma pessoa a recepção do sacramento do crisma?

    a) Porque é um sacramento ministrado somente pelo bispo.
    b) Porque esse sacramento imprime caráter.
    c) Porque não se pode pressionar uma pessoa a receber nenhum sacramento.
    d) Porque o crisma é o sacramento da maturidade cristã.

2. Entre os efeitos do crisma, há o aprofundamento da filiação divina. Analise os itens a seguir que podem representar o(s) efeito(s) citado(s) pelo Catecismo da Igreja Católica.
   I. Une-nos mais firmemente a Cristo.
   II. Aumenta em nós a vontade de receber Cristo na eucaristia.
   III. Torna-nos membros especiais, de elite, da Igreja.
   IV. O crisma nos faz leigos.

   Assinale a alternativa que apresenta a resposta correta:
   a) Os itens I e II estão corretos.
   b) Os itens II e III estão corretos.
   c) O item I está correto.
   d) O item IV está correto.

3. Sabemos que a crismação, mais do que a imposição das mãos, simboliza perfeitamente a incorporação plena a Cristo. A esse respeito, assinale a alternativa correta:
   a) A confirmação foi denominada *o sacramento da crismação*.
   b) A imposição das mãos é reservada somente ao bispo.
   c) O sacerdote não pode ungir os fiéis.
   d) Os crismandos devem ser adolescentes.

4. Sobre a matéria e a forma do sacramento do crisma, é correto afirmar:
   a) A matéria é o Espírito Santo, e a forma, as palavras do bispo.
   b) A matéria é a imposição das mãos, e a forma, o modo como elas são impostas.
   c) A matéria é a unção com o crisma, e a forma, a fórmula reformulada por Paulo VI.
   d) A matéria é a unção com o crisma, e a forma, a imposição das mãos.

5. Com o crisma, a alma do fiel é marcada com um caráter indelével juntamente com os dons do Espírito Santo. Assinale a seguir a alternativa que contém a lista completa dos dons do Espírito Santo:
   a) Amor, caridade, esperança, arrependimento, piedade, temor a Deus e soberba.
   b) Entendimento, sabedoria, conselho, fortaleza, ciência, piedade e temor a Deus.
   c) Conselho, entendimento, temor de Deus, sabedoria, fortaleza, piedade e ciência.
   d) Força, coragem, amor, sabedoria, ciência, atos de piedade e conselho.

Atividades de aprendizagem

Questões para reflexão

1. Com o sacramento da confirmação recebemos os sete dons do Espírito Santo. Disserte sobre a importância desses dons na vida do cristão do século XXI. Para isso, leia as catequeses que o Papa Francisco pronunciou no ano de 2014 sobre o tema.

   FRANCISCO, Papa. **Udienze 2014**. Disponível em: <http://w2.vatican.va/content/francesco/it/audiences/2014.index.1.html>. Acesso em: 30 jan. 2018.

2. Compare as catequeses do Papa Francisco ao Catecismo da Igreja Católica, n. 1830-1832, com relação aos dons do Espírito Santo.

Atividade aplicada: prática

1. A Teologia que não serve para conhecer mais a Deus e, principalmente, para adorá-Lo e converter cada vez mais o coração, é uma ciência morta, sem sentido. Assim disse Bento XVI (2007):

   > Na ansiedade por obter o reconhecimento de cientificidade rigorosa no sentido moderno, a teologia pode perder o alcance da fé. Mas como uma liturgia que esquece de olhar para Deus está, como tal, definhando, assim também uma teologia que já não respira no espaço da fé, deixa de ser teologia; termina por se reduzir a uma série de disciplinas mais ou menos relacionadas entre elas.

   Faça uma entrevista com teólogos católicos sobre como eles fazem para conjugar oração e estudo teológico. Tente orientar sua perguntar à ação do Espírito Santo, o grande desconhecido, no dia a dia de um teólogo. Para realizar essa atividade, leia o texto completo do discurso do Papa Bento XVI.

   BENTO XVI, Papa. **Discurso do Santo Padre aos monges reunidos na Abadia de Heiligenkreuz,** 9 set. 2007. Disponível em: <http://w2.vatican.va/content/benedict-xvi/pt/speeches/2007/september/documents/hf_ben-xvi_spe_20070909_heiligenkreuz.html>. Acesso em: 30 jan. 2018.

5
Eucaristia: da dimensão bíblica à ação de graças[1]

---

[1] Todas as passagens bíblicas indicadas neste capítulo são citações de Bíblia (2000).

Neste capítulo, trataremos do último sacramento da iniciação cristã: a eucaristia. Para isso, abordaremos o tema seguindo a mesma metodologia dos capítulos anteriores: primeiro, apresentaremos o sacramento, tendo em vista seu trajeto histórico e os textos bíblicos do Antigo e do Novo Testamento; em seguida, veremos o que o Magistério da Igreja e a Tradição dizem sobre esse sacramento.

A Sagrada Eucaristia é o ponto mais elevado de todos os sacramentos da iniciação cristã. Por quê? Ora, o batismo e a confirmação são recebidos apenas uma vez na vida, ao passo que a eucaristia é alimento diário, o pão nosso de cada dia, o Corpo de Cristo, sem o qual não se recebe a vida eterna.

Esse *Mysterium Fidei* (Mistério da Fé), conforme afirma a Sagrada Escritura e também proclamamos na missa, não é uma lembrança de um acontecimento passado; trata-se da presença real, viva, do Senhor ressuscitado em nosso meio. A própria celebração da missa é um memorial (*Zikarron*) do sacrifício único de Jesus Cristo. Embora diversas missas sejam celebradas a cada instante em todo mundo, em todas elas há um único e mesmo sacrifício de Cristo, visto que não se pode multiplicá-lo.

Deus nos amou tanto que entregou o seu Filho único para nossa salvação. Em um contexto de morte, sofrimento e perseguição, oriundo de uma traição terrível, nasceu a eucaristia, que se trata da presença real e substancial de Cristo no nosso meio. Nela, Cristo fez-se Pão para alimentar a humanidade faminta. De acordo com a promessa feita por Cristo, quem come desse Pão da Vida terá a vida eterna (Jo 6,51).

> A celebração da missa é um memorial (*Zikarron*) do sacrifício único de Jesus Cristo.

5.1 Dimensão bíblica[2]

Nesta seção, esclareceremos a história da eucaristia a partir da Sagrada Escritura (formação de sua liturgia) e do Concílio de Trento.

5.1.1 Novo Testamento

No Novo Testamento, há quatro narrações sobre a instituição da eucaristia:

> Durante a refeição, Jesus tomou o pão e, depois de o benzer, partiu-o e deu-lho, dizendo: "Tomai, isto é o meu corpo". Em seguida,

---

[2] Seção elaborada com base em D'Annibale (2015), especialmente as seções 5.1.1, 5.1.2 e 5.1.3.

tomou o cálice, deu graças e apresentou-lho, e todos dele beberam. E disse-lhes: "Isto é o meu sangue, o sangue da Aliança, que é derramado em favor de muitos. Em verdade vos digo: já não beberei do fruto da videira, até aquele dia em que o beberei de novo no Reino de Deus". (Mc 14,22-24)

Durante a refeição, Jesus tomou o pão, benzeu-o, partiu-o e o deu aos discípulos, dizendo: "Tomai e comei, isto é meu corpo". Tomou depois o cálice, rendeu graças e deu-lho, dizendo: "Bebei dele todos, porque isto é meu sangue, o sangue da Nova Aliança, derramado por muitos homens em remissão dos pecados. Digo-vos: doravante não beberei mais desse fruto da vinha até o dia em que o beberei de novo convosco no Reino de meu Pai". (Mt 26,26-29)

Tomou em seguida o pão e depois de ter dado graças, partiu-o e deu-lho, dizendo: "Isto é o meu corpo, que é dado por vós; fazei isto em memória de mim". Do mesmo modo tomou também o cálice, depois de cear, dizendo: "Este cálice é a Nova Aliança em meu sangue, que é derramado por vós..."(Lc 22,19-20)

Eu recebi do Senhor o que vos transmiti: que o Senhor Jesus, na noite em que foi traído, tomou o pão e, depois de ter dado graças, partiu-o e disse: "Isto é o meu corpo, que é entregue por vós; fazei isto em memória de mim". Do mesmo modo, depois de haver ceado, tomou também o cálice, dizendo: "Este cálice é a Nova Aliança no meu sangue; todas as vezes que o beberdes, fazei-o em memória de mim". (1Cor 11,23-25)

Três dessas narrações colocam a Última Ceia no contexto da paixão de Cristo: Mateus, Marcos e Lucas. O apóstolo Paulo, por outro lado, encontra-se no contexto de uma argumentação para combater a falta de fraternidade em Corinto. A exegese e autenticidade desses testemunhos é unânime entre os estudiosos, e são muitos os estudos já realizados [3].

---

3 Cf. DUFOUR, L. X. **La fracción del pan**. Culto y existencia en el NT. Madrid: Cristiandad, 1983; JEREMÍAS, J. **La última cena**. Palabras de Jesús. Madrid: Cristiandad, 1980; BETZ, J. La eucaristia, mistério central. In: LOHRER, J. F. M. **Mysterium Salutis**: Manual de Teología como Historia de la Salvación. Madrid: Cristiandad, 1975. p. 185-310. Tomo IV/2.

Com base nas citações apresentadas, podemos elencar dois pontos importantes:

1. há uma unanimidade tanto na instituição quanto no conteúdo da eucaristia;
2. contudo, há certas variantes que revelam a existência de várias tradições.

Não estamos diante das *ipsissima verba Christi* (expressões que, com certeza, saíram da boca de Cristo), como se alguém tivesse gravado com um MP3 as palavras do Mestre e depois transcrito no papel. No entanto, são palavras elaboradas, com certeza, após terem sido ouvidas as palavras de Cristo, como se tivessem passado de boca em boca, conservando os dois momentos, o do pão e o do cálice. Isso demonstra também que são textos já em uso na comunidade apostólica.

Os estudiosos distinguem duas tradições nesses textos:

1. **Marcos/Mateus**: São semelhantes e constituem a tradição petrina de Jerusalém.
2. **Lucas/Paulo**: São semelhantes e formam a tradição paulina de Antioquia.

Ao lermos com atenção os relatos desses apóstolos, podemos deduzir que a eucaristia é entendida como uma refeição. Normalmente, nessa ocasião, os seres humanos se unem para partilhar e confraternizar.

Claramente, essa refeição de Cristo com os apóstolos tem um tom pascal, pois está relacionada à iminência do Reino escatológico, ou seja, será a última refeição antes da instauração do Reino definitivo. É uma ceia orientada pela morte de Cristo e deve ser repetida como memorial sacramental dessa morte. É possível notar também que Cristo demonstra um sentido de autodoação sacramental nas suas palavras.

> O contexto de celebração da ceia durante a refeição pascal deu um novo e definitivo sentido à páscoa judaica. Trata-se não mais de uma recordação da passagem da escravidão do Egito para a Terra Prometida; agora, é a passagem da escravidão do pecado para a vida em Cristo, por meio da morte e ressurreição do Messias esperado.

O evangelista João relatou as palavras de Jesus na sinagoga de Cafarnaum, a fim de preparar a instituição da eucaristia, na qual Jesus próprio se autodenomina *Pão da Vida*, descido do céu.

Jesus não só realiza um gesto, mas ordena que se faça isso em Sua memória até que Ele volte. É clara a referência à instituição da celebração litúrgica, que deverá ser feita pelos apóstolos em uma reunião no primeiro dia da semana (At 20,7), com o fim de partir o pão: "Perseveravam eles na doutrina dos apóstolos, na reunião em comum, na fração do pão e nas orações. [...] Unidos de coração frequentavam todos os dias o templo. Partiam o pão nas casas e tomavam a comida com alegria e singeleza de coração" (At 2,42.46).

Até hoje, a eucaristia continua sendo o centro da vida da Igreja.

5.1.2 Antigo Testamento

Há dois momentos no Antigo Testamento em que o fato salvífico da Páscoa hebraica é evidenciado: o Êxodo (passagem da escravidão do Egito para a liberdade) e o Monte Sinai (aliança entre Deus e seu povo no deserto). Nesse sentido, podemos destacar dois níveis de interpretação: o primeiro é observar como Deus libertou os hebreus da escravidão social para depois fazer uma aliança com eles; o segundo, mais profundo, é conceber essa libertação como a libertação da idolatria na qual os israelitas caíram no Egito. Trata-se de um fato histórico com valor simbólico incomparável e único. Tal acontecimento perenizou-se no rito da Páscoa hebraica. Esse ritual, essencialmente, contém dois momentos:

1. a ceia do cordeiro pascal, com ervas amargas e pães ázimos, que serve para recordar a passagem libertadora do Egito (escravidão e idolatria);
2. a finalização da ceia com a terceira taça de vinho, simbolizando o sangue derramado no sacrifício da aliança.

Esse episódio se transformou em um rito memorial à salvação de Israel. Os sinais recordam o que aconteceu, em certo momento, na história do povo de Israel. É um rito que tem a importância do fato recordado; não obstante, para o povo judeu, trata-se também de uma atualização da salvação, não apenas de mera recordação.

Tal celebração não contempla somente o passado, visto que conserva um olhar de esperança para o futuro, em que Aquele que um dia salvou o povo do Egito e com ele fez aliança, também o salvará definitivamente e fará uma nova aliança em uma noite de Páscoa. Esse é o caráter simbólico-profético do fato histórico-salvífico da Páscoa hebraica.

Assim, podemos elencar vários componentes na realidade da Páscoa:

- trata-se de um fato histórico-salvífico perpetuado por um rito;
- contempla dois momentos principais: libertação e aliança;
- apresenta três dimensões no rito: memória, atualização e certeza da realização futura;
- o rito contém caráter simbólico-profético que, embora não seja definitivo, aguarda por esse momento.

Malaquias profetizou a respeito do sacrifício perfeito de Cristo, dizendo que todos os sacrifícios são provisórios e parciais em comparação ao novo e definitivo sacrifício universal.

> Vá, antes, um de vós e feche as portas. Não acendereis mais inutilmente o fogo no meu altar. Não tenho nenhuma complacência convosco – diz o Senhor dos exércitos – e nenhuma oferta de vossas mãos me é agradável. 11. Porque, do nascente ao poente, meu nome é grande entre as nações e em todo lugar se oferecem ao meu nome o incenso, sacrifícios e oblações puras. (Ml 1,10,11ss)

Portanto, sob o manto de Páscoa, deparamo-nos com uma realidade complexa, constituída por diversos componentes: fato histórico, rito, libertação, aliança no Sinai, dimensões do rito e caráter simbólico-profético. Agora, na linha do profeta Malaquias, falta-nos fazer a ligação entre Antigo e Novo Testamento.

5.1.3 Relação entre o Antigo e o Novo Testamento

A Páscoa de Cristo, à luz da dos hebreus, separa-se em dois momentos: o fato histórico e o ritual. O próprio Novo Testamento interpreta a Páscoa de Cristo como o sacrifício perfeito da era messiânica. Na Sua paixão, morte e ressurreição, Cristo realiza as duas ações: a libertação e a aliança – libertação do pecado para formarmos um novo povo da aliança, a Igreja.

Cristo, como todos os hebreus, preparou-se para celebrar a Páscoa, com a diferença de que Ele sabia que era o cumprimento definitivo dessa celebração, instituindo, assim, a nova Páscoa. O pão ázimo, recordação da libertação do Egito, transforma-se em sinal da libertação definitiva alcançada pelo sacrifício da cruz. O vinho, sinal da aliança no Antigo Testamento, agora se torna o sangue da nova aliança.

Jesus realiza com perfeição o rito da Páscoa, cumprindo no plano ritual o conteúdo essencial dela: libertação e aliança. Os sinais essenciais do ritual se encontram presentes na Última Ceia; no entanto, agora não tornam presente um fato de caráter histórico-profético, mas sim definitivo, como é a Páscoa de Cristo. Da promessa passou-se ao cumprimento.

No primeiro ritual, o sangue é derramado sobre o altar e borrifado sobre o povo, sendo o ritual completado pelo sacrifício de um cordeiro; no novo ritual, Cristo dá de beber o próprio sangue e Ele mesmo é o cordeiro sacrificado, dando de comer a própria carne.

5.2 Dimensão eclesial[4]

Nesta seção, trataremos da dimensão eclesial da eucaristia. Para isso, apresentaremos a diferença entre *ágape* e *eucaristia*, os aspectos históricos da Igreja, a reforma litúrgica e, por fim, a doutrina de transubstanciação.

5.2.1 Diferença entre ágape e eucaristia

Durante os primeiros séculos da Igreja, a celebração eucarística teve um caráter mais familiar, devido ao reduzido número de cristãos e à ausência de lugares públicos para tal finalidade. Essas reuniões de ágape aconteciam em um clima litúrgico, na presença do bispo e dos outros ministros, com salmos, orações e cânticos (Hipólito, citado por Celam, 2015).

A *Didaqué* (2014), um dos textos mais antigos da Igreja (ca. século I), em seus capítulos 9 e 10, refere-se mais ao ágape do que à eucaristia. Plínio, o Jovem (61-113), faz menção a duas reuniões para os cristãos: eucaristia pela manhã e ceia à tarde. Já Inácio de Antioquia (35-108), em algumas cartas às Igrejas, aborda os seguintes temas: a união em torno

---

4 Seção elaborada com base em D'Annibale (2015).

do bispo e dos outros ministros, a presença real (sempre identificando a eucaristia como a carne e o sangue de Cristo), a unicidade na celebração e os efeitos salvadores da eucaristia. Inácio chegou até mesmo a nomear três celebrações distintas: eucaristia, batismo e ágape.

São Justino (100-165), sem dúvida, deixou o testemunho mais importante do século II ao descrever a eucaristia sem referências a um ágape:

> No dia "do Sol", como é chamado, reúnem-se num mesmo lugar os habitantes, quer das cidades, quer dos campos. Leem-se, na medida em que o tempo o permite, ora os comentários dos Apóstolos, ora os escritos dos Profetas. Depois, quando o leitor terminou, o que preside toma a palavra para aconselhar e exortar à imitação de tão sublimes ensinamentos. A seguir, pomo-nos todos de pé e elevamos nossas preces por nós mesmos [...] e por todos os outros, onde quer que estejam, a fim de sermos de fato justos por nossa vida e por nossas ações, e fiéis aos mandamentos, para assim obtermos a salvação eterna.
>
> Quando as orações terminaram, saudamo-nos uns aos outros com um ósculo. Em seguida, leva-se àquele que preside aos irmãos pão e um cálice de água e de vinho misturados.
>
> Ele os toma e faz subir louvor e glória ao Pai do universo, no nome do Filho e do Espírito Santo e rende graças (em grego: eucharístia, que significa "ação de graça") longamente pelo fato de termos sido julgados dignos destes dons.
>
> Terminadas as orações e as ações de graças, todo o povo presente prorrompe numa aclamação dizendo: Amém.
>
> Depois de o presidente ter feito a ação de graças e o povo ter respondido, os que entre nós se chamam diáconos distribuem a todos os que estão presentes pão, vinho e água "eucaristizados" e levam (também) aos ausentes. (São Justino, citado por CIC, 2000, n. 1345, p. 370)

Conforme podemos perceber nessa citação, Justino esclarece que a eucaristia teve origem na última ceia de Cristo, seguindo a ordem e o desejo do próprio Jesus. As matérias do pão e do vinho não são mais simplesmente pão e vinho, mas a carne e o sangue de Jesus. É por isso que somente os cristãos são admitidos nessa cerimônia.

Em concordância a essa concepção, Santo Irineu (130-202) indicou que o pão se transforma no corpo do Senhor, em eucaristia, ao argumentar contra aqueles que julgavam que toda matéria era essencialmente má e, portanto, incapaz de transformar-se no corpo do Senhor.

A *Traditio Apostolica* (ca. 220), de Hipólito (D'Annibale, citado por Celam, 2015), que tem a finalidade de conservar as boas tradições e a ortodoxia, descreveu o ágape e depois a eucaristia. Em seu capítulo quarto encontra-se a base da Prece Eucarística II do atual Missal Romano.

São Cipriano de Cartago (210-258) defendia a presença do vinho na celebração da eucaristia, posição que embasou a definição de D'Annibale (citado por Celam, 2015) de *eucaristia*: "Celebração do sacrifício verdadeiro e pleno, sacramento e memorial da paixão de Cristo, oferecido pelo sacerdote na comunidade, na presença dos irmãos diante de Deus Pai, fazendo as vezes de Cristo, na forma de pão e vinho, que são realmente o corpo e o sangue de Cristo" (Celam, 2015, p. 130).

Os membros da Escola de Antioquia conceberam a eucaristia como a presença sacramental de Cristo e a participação real dos fiéis em seu corpo e sangue. São Cirilo de Jerusalém (313-386), por sua vez, exprimiu a convicção da presença real de Cristo e fez uma análise de toda a celebração, destacando especialmente a ação do Espírito Santo sobre a eucaristia.

Santo Ambrósio de Milão explicou aos fiéis o sentido da eucaristia também em algumas catequeses mistagógicas. Para ele, são as palavras de Cristo, pronunciadas pelo sacerdote, que dão ao pão e ao vinho a nova realidade.

Já Santo Agostinho explicou o simbolismo desse sacramento separando o corpo de Cristo em dois (real e místico), focando seus ensinamentos no realismo eucarístico – como nos alimentamos realmente do corpo de Cristo. Essa concepção, que leva em consideração realidade e símbolo, deu um nó na cabeça dos povos medievais do século IX ao XI. Para Agostinho, o corpo verdadeiro de Cristo seria a comunidade eclesial, e o corpo místico (simbólico, sacramental), a eucaristia.

> Aos poucos, a prece eucarística foi se desenvolvendo até chegar às versões de Justino, da *Didaqué* e de Hipólito. A própria consciência da presença real de Cristo na eucaristia foi ganhando força ao longo dos séculos.

Posteriormente, surgiu duas linhas de raciocínio entre os padres: a tipológica-pascal, que concebe a morte do Senhor como a verdadeira Páscoa; e a da presença da paixão-morte de Cristo na eucaristia, que, na perspectiva mistérica, indica especialmente o modo de presença. Como podemos perceber, eles utilizaram uma linguagem diferente da nossa, mas aceitaram pacificamente a fé no verdadeiro corpo e sangue de Cristo.

Alguns detalhes dos primeiros séculos cristãos chamam a nossa atenção no nível de pastoral: as comunidades se reuniam nas casas, ouviam tudo na própria língua, participavam da oração comum, comungavam sob duas espécies, as celebrações eram aos domingos – em alguns lugares, eram todos os dias – e os bispos realizavam catequeses mistagógicas para ajudar os cristãos a entrarem no mistério.

5.2.2 Do século V ao Concílio de Trento

Os papas Leão I, Virgílio e Gelásio I (séculos V-VI) conservaram por escrito em sacramentários todas as tradições litúrgicas do Ocidente.

Nos séculos seguintes, outros escritos e sacramentários foram elaborados em outras partes do Ocidente, enquanto o Oriente também conservava seus próprios documentos. Dessa forma, foram criados os livros litúrgicos, principalmente com as preces eucarísticas, cheias de significado e conceitos teológicos a respeito da eucaristia e de sua doutrina.

Durante esse período, encontramos a missa papal dos séculos VI-VIII, a influência franco-germânica na missa romana, as mudanças na celebração e na concepção teológica da eucaristia, controvérsias eucarísticas da Idade Média e uma busca de síntese teológica nos séculos XII e XIII.

O que chamamos de *missa papal* nos séculos VI-VIII está no *Ordo Romanus I*, elaborado com base em documentos dos primeiros séculos do cristianismo. Nessa missa, encontramos os três momentos processionais característicos: o rito de entrada, a procissão do ofertório e a comunhão. Nessa época, conforme salientamos, o povo entendia a celebração, e ela era simples.

A missa romana sofreu certa influência franco-germânica. O que, no começo, foi simplesmente adotado pela Gália, aos poucos foi "devolvido" aos romanos de forma mais "inculturada", com vários elementos elaborados pelos próprios franco-germânicos, como beijos, genuflexões, cruzes, sequências e orações mais longas, sem falar no foco insistente ao pecado daquele que celebra. Daí nasceram aquelas orações "secretas" que o sacerdote reza antes da proclamação do Evangelho, antes das oferendas e antes da comunhão.

Houve, também, mudanças na celebração e na concepção teológica da eucaristia. Surgiu o missal; o sacerdote foi afastando-se do povo; as pessoas foram perdendo o contato com a celebração; a língua latina passou a ser mais utilizada, independentemente do entendimento dos fiéis; o altar ficou de costas; a oração eucarística passou a ser rezada privadamente; começou-se a comungar com a boca. No nível teológico – por causa da luta antiariana –, deu-se mais ênfase à divindade de

Cristo – sua existência histórica – e à consagração do pão e do vinho, deixando um pouco de lado a eucaristia como ação de graças, memorial da Páscoa do Senhor.

Já na Idade Média, o mundo católico encheu-se de controvérsias eucarísticas, como no caso da tensão entre **realismo e simbolismo**. O primeiro destacava a relação entre o corpo eucarístico de Cristo e seu corpo histórico; o segundo, que enfatizava que o corpo eucarístico de Cristo não pode ser idêntico ao corpo histórico, interpretava de forma mais simbólica a presença de Cristo. Daí o erro de Berengário[5] de reler os Padres da Igreja de forma literal, tirando-os do contexto e atribuindo-lhes conceitos que não eram deles. Os Padres chamavam de *símbolo* aquilo que contém a realidade. Berengário interpretou esse símbolo como antônimo de realidade. Devido a isso, a Igreja caiu em certo exagero do realismo, dando demasiada ênfase ao físico.

A Escolástica buscou uma síntese. Com o acesso à filosofia aristotélica, os escolásticos utilizaram as ferramentas e conceitos filosóficos na definição de transubstanciação. Esse conceito evitava os dois extremos: o foco na mudança quase-física do pão e do vinho, pois é a substância que muda; e o foco simbolista, que concebe a mudança no mais profundo do ser, apesar de permanecerem os acidentes.

Um dos principais representantes da Escolástica, Santo Tomás de Aquino, com a doutrina da transubstanciação, rejeitou fortemente esse realismo popular de acreditar que Jesus ficava pequeno depois da consagração e que, dessa forma, ficava escondido no pão. Trata-se de uma linguagem real e, acima de tudo, sacramental e simbólica.

---

5 O teólogo francês Berengário de Tours (1000-1088 d.C.) negou a transubstanciação da eucaristia.

5.2.3 O Concílio de Trento e a eucaristia

O Concílio de Trento aconteceu em um período tão conturbado que foram necessários 18 anos para concluí-lo – de 1545 a 1563. A Reforma Protestante e as consequentes guerras advindas por motivos religiosos e políticos dificultaram, e muito, os trabalhos dos padres conciliares.

Esse Concílio não fez um tratado sistemático da eucaristia, e sim buscou responder aos erros do seu tempo, especialmente quanto à presença real de Cristo (seção XIII) e ao sacrifício (seção XXII). Havia muitos erros nas celebrações eucarísticas. Por isso, o Concílio acabou com as sequências, que mais pareciam lendas e fantasias, exortou todos a comungarem e publicou um decreto sobre o que se devia fazer ou evitar nas celebrações, a fim de lutar contra a avareza do clero, as superstições e os abusos no geral.

Além dos problemas internos, que não eram poucos, o Concílio de Trento teve de responder aos erros externos dos reformadores que criticavam a Igreja Católica de idolatria e a acusavam de inventar a celebração eucarística. Martinho Lutero (1483-1546) radicalizou sua postura ante o sacrifício, dizendo que afirmar que a missa era sacrifício seria blasfêmia contra o único sacrifício de Cristo. O Concílio respondeu que só havia um sacrifício, sendo o ritual da missa apenas memorial, atualização do sacrifício eucarístico – na cruz, o sacrifício era cruento, e na eucaristia, incruento.

Já João Calvino (1509-1564) foi radical contra a presença real de Cristo na eucaristia. Nesse caso, o Concílio afirmou que havia dois modos de presença: o natural, à direita do Pai; e o sacramental, também real.

Lutero e outros negaram também a transubstanciação. Contudo, o Concílio a confirmou ao afirmar a conversão admirável que acontece no pão e no vinho. O concílio afirmou ainda a legitimidade do culto de latria dado à eucaristia e a sua expressão pública.

O pós-Trento foi inicialmente positivo, pois a Igreja buscou se aproximar mais o povo, embora de forma muito discreta e sem muito resultado. Cinco séculos depois, a missa foi traduzida às línguas vernáculas, enquanto os protestantes já as usavam em seus cultos. Em muitas ocasiões, houve mais afastamento da comunhão do que aproximação, principalmente naqueles que defendiam só a comunhão do sacerdote. Ainda assim, é difícil julgar outros tempos sem cair no anacronismo[6].

O Missal de Pio V (1504-1572) concentrou em si um patrimônio litúrgico surpreendente e, pela primeira vez no Ocidente, chegou-se a quase unificar rigidamente a liturgia celebrada em qualquer Igreja. Nessas cerimônias, o povo assistia, mas não participava, pois tudo girava em torno das rubricas[7]. O povo rezava os salmos, o terço e as devoções populares, enquanto o padre celebrava praticamente sozinho o ritual da missa.

Para D'Annibale (2015), poucas foram as vozes que se levantaram contra esse modo de atuar. De acordo com o autor, o Sínodo de Pistoia, em 1786, foi duramente condenado pelo Papa Pio VI (1717-1799) na Constituição Apostólica *Auctorem Fidei*. O que tal Sínodo propunha, no campo litúrgico,

> era um só altar em cada templo, participação dos fiéis, abolição do estipêndio da missa, redução de procissões, música simples, séria e adequada ao sentido das palavras, ornamentação que não ofenda nem distraia o espírito, reforma do breviário e do missal, um novo ritual, redução do excessivo número de festas, leitura de um trecho da Sagrada Escritura no ofício. (Celam, 2015, p. 142)

---

6 Perigo de julgar tempos passados com critérios atuais.

7 Quem tiver a oportunidade de visitar a China contemporânea e puder participar de uma missa na Catedral de Pequim, irá se deparar com um cenário em que o sacerdote da chamada *Igreja oficial* celebra de costas para o povo, em latim, e o povo reza e canta salmos durante a celebração. Como eles não tiveram a atualização do Concílio Vaticano II devido às pressões comunistas, eles ficaram parados no tempo litúrgico.

Obviamente, o Sínodo de Pistoia foi uma caricatura de sínodo em comparação com Trento. Ele durou apenas dez dias, além de se dedicar praticamente a somente aprovar decretos e resoluções que já haviam sido preparados anteriormente. O bispo Scipione de' Ricci (1741-1810), que convocou o Sínodo, queria uma Igreja nacional, independente de Roma. Diríamos, nos dias de hoje, que Pistoia foi uma finta de sínodo e, por isso mesmo, justamente condenado pelo papa. Em outras palavras, não era interesse desse sínodo uma reforma católica, mas uma reforma deixando de lado o papa e o magistério.

5.2.4 O Concílio Vaticano II

Apesar de o Concílio Vaticano II também não ter elaborado propriamente um tratado sobre a eucaristia, é possível encontrarmos uma série de documentos que tratam desse sacramento. Isso porque a eucaristia é fonte e ápice da vida da Igreja, motivo pelo qual tudo nela sai da eucaristia e está destinado a ela. Brevemente, podemos encontrar o tema nessas passagens e documentos:

Sacrosanctum Concilium (SC)
- n. 47: Traz uma síntese de mistérios da eucaristia.

Lumen Gentium (LG)
- n. 3 e n. 7: Mostram a centralidade da eucaristia no mistério de Cristo e da Igreja;
- n. 11: traz o aspecto cristológico e eclesial;
- n. 26: no centro da teologia da Igreja local, a eucaristia faz a Igreja.

Presbyterorum Ordinis (PO)
- n. 5-6: Indicam a presença pessoal, ação do Espírito, fonte e ápice da vida da Igreja e de sua ação pastoral.

Unitatis Redintegratio (UR)
- n. 15: Trata da celebração eucarística e de sua dimensão trinitária e eclesial nas Igrejas do Oriente.

Ad Gentes (AG)
- n. 9: Trata da eucaristia e evangelização.

Gaudium et Spes (GS)
- n. 38: Traz perspectivas cósmicas e escatológicas do mistério eucarístico.

Uma primeira e rica síntese dos ensinamentos conciliares se encontra na Instrução *Eucharisticum Mysterium*, de 25 de maio de 1967. O Catecismo da Igreja Católica – CIC (2000) nos oferece também, na sua segunda parte, segunda seção, art. 3, um breve, porém intenso, tratado sobre a eucaristia nos n. 1322-1419.

5.2.5 A reforma litúrgica

A reforma litúrgica foi conduzida por baixo da grande mídia e do poder, por meio de estudiosos que, aos poucos, resgataram os tesouros da antiga liturgia e a aproximação à Sagrada Escritura.

O Concílio Vaticano II, sem medo, levou bastante a sério esse assunto. Os nascidos depois do Concílio não experimentaram o que significou para seus pais e avós ir a uma missa dominical e não entender nada. Os problemas de hoje são outros, e, para evitá-los, devemos retomar o que foi definido no Concílio e captar a essência da reforma litúrgica, a fim de não cair também em outros extremos que aqueles que nasceram depois desse evento infelizmente já presenciaram.

A Constituição SC foi o ponto de virada dessa reforma litúrgica. Nela, o Concílio comunicou o essencial: participação ativa e consciente da assembleia; enriquecimento das leituras bíblicas; importância da homilia; oração dos fiéis; língua vernácula; e comunhão sob ambas espécies. Tudo isso representou um retorno às fontes, aumentando-se, assim, a compreensão dos ritos realizados por parte dos fiéis.

No nível teológico, o Concílio possibilitou melhor compreensão da eucaristia, recuperando uma visão global do sacramento, fundamentada na palavra, na eucaristia, na celebração, no culto e no papel da comunidade e dos ministros. A eucaristia foi vista e entendida mais nitidamente como memorial da morte pascal de Cristo. Isso possibilitou uma percepção mais clara da relação entre sacrifício e sacramento e destacou, além do papel de Cristo e do ministro, o do Espírito Santo e da comunidade cristã.

5.2.6 Resumo da doutrina da transubstanciação

Na Igreja, há diversas formas de manifestação da presença de Cristo. Ele está presente na oração – "onde dois ou mais estão reunidos em meu nome, aí estou eu no meio deles" (Mt 18,20); na prática da caridade e das obras de misericórdia (Mt 25,40); em nossos corações pela fé (Ef 3,17); na pregação da Igreja, quando esta "dirige e governa o povo de Deus" (*Mysterium Fidei*, citado por Lelo, 2005, p. 47); e, de forma mais, na celebração do sacrífico na missa .

A presença mais sublime é a eucarística, que é a "perfeição da vida espiritual e o fim de todos os sacramentos" (Santo Tomás de Aquino, citado por Lelo, 2005, p. 48). "Essa presença chama-se 'real', não por exclusão como se as outras não fossem 'reais', mas por antonomásia, porque é substancial, quer dizer, por ela está presente, de fato, Cristo completo, Deus e homem" (Concílio Tridentino, citado por Lelo, 2005, p. 48).

Não se trata apenas de um símbolo, embora desde São Paulo até os Padres antigos a eucaristia tenha sido tratada dessa forma. No entanto, essa abordagem antiga referia-se à unidade da Igreja, à unidade do corpo místico, e não tanto à definição da essência desse sacramento (1Cor 10,17).

> Às palavras do mártir Santo Inácio apraz-nos acrescentar as de Teodoro de Mopsuéstia, neste particular testemunha fiel da crença da Igreja: "O Senhor não disse: 'Isto é o símbolo do meu corpo e isto é o símbolo do meu sangue, mas: Isto é o meu corpo e o meu sangue', ensinando-nos a não considerar a natureza visível que os sentidos atingem, mas a (crer) que ela, pela ação da graça, se mudou em carne e sangue". (*Mysterium Fidei*, citado por Lelo, 2005, p. 49)

As nossas palavras são pobres para definir esse sacramento, mas conseguem, pelo menos, delinear o essencial de sua natureza. A verdade que a Igreja tem a missão de transmitir de geração em geração é que, na eucaristia, o pão e vinho se convertem completamente no corpo e no sangue de Cristo, transformação denominada *transubstanciação*.

> Depois da transubstanciação, as espécies do pão e do vinho tomam nova significação e nova finalidade, deixando de pertencer a um pão usual e a uma bebida usual para se tornarem sinal de uma coisa sagrada e sinal de um alimento espiritual; mas só adquirem nova significação e nova finalidade por conterem nova realidade, a que chamamos com razão ontológica. (*Mysterium Fidei*, citado por Lelo, 2005, p. 50)

Em outras palavras, fica só a aparência do pão e do vinho. A substância dessas espécies é completamente alterada, pois nelas passa a residir o Cristo completo.

Para esclarecermos mais ainda esse conceito, eis a seguir um trecho do Catecismo Maior de São Pio X (Catecismo Maior de São Pio X, 2005, grifo nosso):

594) Que é o Sacramento da Eucaristia?

A Eucaristia é um Sacramento que, pela admirável conversão de toda a substância do pão no Corpo de Jesus Cristo, e de toda a substância do vinho no seu precioso Sangue, contém verdadeira, real e substancialmente o Corpo, Sangue, Alma e Divindade do mesmo Jesus Cristo Nosso Senhor, debaixo das espécies de pão e de vinho, para ser nosso alimento, espiritual.

595) Está na Eucaristia o mesmo Jesus Cristo que está no Céu e que nasceu, na terra, da Santíssima Virgem?

Sim, na Eucaristia está verdadeiramente o mesmo Jesus Cristo que está no Céu e que nasceu, na terra, da Santíssima Virgem Maria.

596) Por que acreditais que no Sacramento da Eucaristia está verdadeiramente Jesus Cristo?

Eu acredito que no Sacramento da Eucaristia está verdadeiramente presente Jesus Cristo, porque Ele mesmo o disse, e assim no-lo ensina a Santa Igreja.

597) Qual é a matéria do Sacramento da Eucaristia?

A matéria do Sacramento da Eucaristia é a que foi empregada por Jesus Cristo, a saber: o pão de trigo e o vinho de uva.

598) Qual é a forma do Sacramento da Eucaristia?

A forma do Sacramento da Eucaristia são as palavras usadas por Jesus Cristo: Isto é o meu Corpo: este é o meu Sangue.
[...]

615) Quando se parte a hóstia, parte-se também o Corpo de Jesus Cristo?

Quando se parte a hóstia, não se parte o Corpo de Jesus Cristo, mas partem-se somente as espécies do pão.

616) Em que parte da hóstia fica o Corpo de Jesus Cristo?

O Corpo de Jesus Cristo fica inteiro em todas e em cada uma das partes em que a hóstia foi dividida.

> 617) Está Jesus Cristo tanto numa hóstia grande como na partícula de uma hóstia?
> Tanto numa hóstia grande, como na partícula de uma hóstia, está sempre o mesmo Jesus Cristo. (Catecismo Maior de São Pio X, 2005, p. 153-157, grifo nosso)

Em síntese, a transubstanciação é o meio pelo qual Cristo se faz presente nas espécies eucarísticas. Teologicamente, é um dos conceitos fundamentais da ortodoxia, nascido no contexto das discussões dos séculos XI e XII e reconfirmado solenemente no Concílio de Trento. Tal doutrina não foi uma invenção dos medievais, mas um aprofundamento e uma análise das próprias palavras de Cristo na última ceia. A originalidade do conceito encontra-se na modificação total, e não somente quantitativa ou qualitativa. Em outras palavras, não é como a transformação de vinho em vinagre, que modifica a forma, mas continua a matéria como substrato comum. Na Eucaristia, por uma obra divina, há uma transformação total da matéria e da forma do pão no Corpo de Cristo, permanecendo intacto os acidentes, as aparências.

5.3 Sacrifício e ação de graças

Nesta seção, explicaremos mais detidamente o significado da missa como memorial, presença, do único sacrifício da cruz, a fim de esclarecermos como este se torna presente na eucaristia para a Igreja. Para fundamentar nossa abordagem, utilizamos os tratados de teologia de J. Castellano (2004) e de Moliné (1999).

A missa é o sacrifício perfeito, que foi anunciado de muitas formas no Antigo Testamento, como no sacrifício de Isaque, de Melquisedec e do cordeiro pascal e na profecia de Malaquias. É também o único que permanece na nova lei (Moliné, 1999) – todos os demais foram abolidos.

É dogma de fé que a missa é verdadeiro sacrifício. Essa verdade teve que ser confirmada pelo Concílio de Trento de forma solene, dados os questionamentos dos protestantes. O caráter de sacrifício da missa é o que faz com que não existam **missas privatizadas**, ou seja, missa-propriedade de um só grupo ou de um só ministro. Contudo, toda missa é o único sacrifício de Cristo – trata-se de algo universal.

> A missa é uma renovação mística e real do sofrimento de Cristo na cruz.

A missa é, portanto, uma renovação mística e real do sofrimento de Cristo na cruz. É a renovação incruenta (sem derramamento de sangue) do sacrifício cruento da cruz. A oferenda desse sacrifício é o mesmo na cruz e na missa: Cristo, visto que o sacerdote atua *in persona Christi*. Na cruz, Cristo nos redimiu de uma vez por todas; na missa, atualiza-se esse sacrifício.

A essência desse sacrifício da missa encontra-se na consagração do pão e do vinho. Só o sacerdote é capaz de, *in persona Christi*, consagrar, embora todos os batizados ali reunidos sejam os que oferecem o sacrifício. Enfim, toda missa, por mais que não tenha presença dos fiéis, ou mesmo que apenas um fiel esteja participando junto com o sacerdote celebrante, é holocausto universal.

Antes do Concílio Vaticano II e do Código de Direito Canônico (CDC) pós-conciliar, os sacerdotes só tinham obrigação de celebrar missas em algumas ocasiões por ano, sendo aconselhados a fazê-lo aos domingos. A atual normativa da Igreja recomenda encarecidamente os sacerdotes a celebrarem todos os dias.

5.3.1 Tradição: Padres e liturgia

O sentido de *sacrifício* da eucaristia não foi problema para os antigos, conforme demonstram a *Didaqué* e Justino e Ireneu, que viram nela o cumprimento da profecia de Malaquias (Ml 1,11) e a permanência dos sacrifícios incruentos antigos na oblação do pão e do vinho. Na própria terminologia usada na liturgia primitiva aparecem os termos: *sacrifício, corpo-sangue, oblação, vítima* etc., acompanhados de *oferecer, serviço sacerdotal* etc.

Os Padres, de fato, interpretaram unanimemente os dados da Escritura. Conforme aponta São Cipriano (citado por Castellano, 2004, p. 88, tradução nossa):

> "E dado que em todos os sacrifícios nós fazemos a memória da Paixão de Cristo – de fato, a Paixão de Cristo é o sacrifício que nós oferecemos – não podemos fazer diferente do que ele fez" (EP, 63,17). Não é lícito romper a ordem do Senhor no que diz respeito ao sacramento de sua paixão e da nossa redenção... de fato, se o Senhor e nosso Deus Cristo Jesus em pessoa é o sumo sacerdote de Deus Pai, e se ele, em primeiro lugar, ofereceu-se ao Pai e ordenou fazer isso em sua memória, então, somente o sacerdote age como vigário de Cristo, quando imita o que Cristo fez e, assim, oferece a Deus na Igreja um verdadeiro sacrifício no sentido pleno – se está disposto a fazer a oferta como viu Cristo fazê-la.

O fato é que tal unanimidade de interpretação dos primeiros grandes teólogos da comunidade cristã, os Padres da Igreja, com relação à Eucaristia e sua realidade é um dos sustentáculos da doutrina católica com relação à eucaristia.

5.3.2 A eucaristia em tipologia pascal

Os Padres da Igreja utilizavam várias terminologias para designar a eucaristia, como *imagem* (*Eikon*), *semelhança* (*Omoioma*), *símbolo, tipo* e *mistério*.

O Pseudo-Hipólito, no final do século II, afirmava que o desejo de Cristo era dar aos discípulos o próprio Corpo, em vez de apenas uma imagem, um tipo (Castellano, 2004).

De acordo com Santo Agostinho (citado por Castellano, 2004), a celebração missal que fazemos da Páscoa todos os dias deve constituir uma meditação ininterrupta, em vez de se tornar algo extraordinário ao ponto de o caráter memorial da paixão e ressurreição de Cristo durante a comunhão acabar preterido. Santo Agostinho também salientava o caráter salvífico da cerimônia, pois, ao ingerirmos o pão e o vinho consagrados, estamos recebendo nossa própria salvação, em memória à Paixão de Cristo. Em outras palavras, revivemos o sacrifício de Cristo, Sua morte, na cerimônia, a fim de relembrá-lo e de renovar nossa salvação.

São João Crisóstomo (citado por Castellano, 2004, p. 90, tradução nossa), o "boca de ouro[8]", fez possivelmente uma das reflexões mais claras nesse sentido:

> Não somos nós que oferecemos todos os dias o sacrifício? Certamente, mas celebrando a memória da sua morte, este sacrifício é um só e não são muitos. Como um só e não muitos? Porque ele é oferecido só uma vez, como também a vítima de expiação levada ao santuário. Este sacrifício de Cristo é um tipo daquele, assim como o nosso é um tipo deste. De fato, nós oferecemos sempre um único e idêntico Cordeiro, não hoje um e amanhã outro, mas sempre o mesmo. Consequentemente, há uma única vítima. E pelo fato de Cristo ser oferecido em muitos lugares, há, talvez, muitos Cristos? Jamais! Mas, em todos os lugares, há um único Cristo. Aqui na totalidade e lá na sua totalidade, um só corpo. [...] O nosso sumo Sacerdote é aquele que ofereceu o sacrifício que nos purifica. Agora, nós oferecemos aquele mesmo sacrifício oferecido então. De fato, ele disse: "Façam isso em memória de mim...". Nós não celebramos um sacrifício diferente daquele que ofereceu então

---

8 "*Chrysostomos*", em grego, significa "da boca de ouro". Foi-lhe dado esse apelido por causa de sua grande eloquência.

o sumo sacerdote, mas sempre o mesmo. Ou melhor, nós celebramos o memorial do sacrifício (*anamnesim ergazometha thusias*).

Teodoro de Mopsuéstia (citado por Castellano, 2004, p. 90, tradução nossa) confirma, em suas Catequeses mistagógicas, a ideia de *sacrifício*:

> Os presbíteros da Nova Aliança repetem continuamente em todos os lugares e em todos os tempos o mesmo sacrifício. De fato, único é o sacrifício oferecido pelo nosso Senhor, quando por nós aceitou a morte. Com a oblação deste sacrifício, o Cristo nos procurou a perfeição, como disse Paulo: "Com uma única oblação aperfeiçoou para sempre aqueles que ele santifica". Nós todos, portanto, em todo lugar, em todo tempo, e continuamente, celebramos o memorial deste mesmo sacrifício: "Toda vez que comemos deste pão e bebemos deste cálice comemoramos a morte do Senhor até que ele venha".

Agostinho elaborou uma terminologia sacramental que define que antes da vinda de Cristo só houve o sacrifício oferecido por meio de vítimas prefigurativas. Com a vinda de Cristo, houve o sacrifício real, rememorado por meio da eucaristia (Agostinho, citado por Castellano, 2004).

O Papa Gregório I ressaltou o valor que tem para todos os cristãos a celebração desse mistério: "Este sacrifício nos torna presentes no mistério da morte já ocorrida (*illam mortem*), o que o torna vivo e imortal" (Papa Gregório I, citado por Castellano, 2004).

Por fim, Santo Isidoro de Sevilha, meio que sintetizando o conceito, escreveu: "O sacrifício deriva de '*sacrum factum*', porque é consagrado por meio de uma oração mística, realizada em memória da paixão do Senhor por nós" (Isidoro, citado por Castellano, 2004, p. 91, tradução nossa).

O *tipo*, em linguagem teológica, refere-se ao sentido não literal que um autor bíblico aplica a um texto. Por exemplo, a Páscoa dos Hebreus é um tipo da eucaristia, assim como Adão é o tipo de Cristo e Cristo é o antítipo de Adão. Tais reflexões dos autores destacados, no fundo, têm a intenção de reafirmar a presença real de Cristo, a realidade do corpo e do sangue do Divino Mestre que nos foi dado como alimento.

5.3.3 Teologia medieval

O Cânon Romano do século IV permaneceu uma catedral de doutrina teológica eucarística – e, de certa forma, não houve muito avanço, em nível teológico, durante essa época. No IV Livro das Sentenças, o padre Lombardo afirmou que a missa se chama "sacrifício e oblação porque é memória e representação do verdadeiro sacrifício e da santa imolação feita na cruz [...] ele é imolado todo dia no sacramento, porque no sacramento se realiza a memória de tudo o que foi feito uma só vez" (Lombardo, citado por Castellano, 2004, p. 91, tradução nossa).

Santo Tomás de Aquino não sistematizou o tema do sacrifício, mas tratou-o de forma variada em várias passagens: na Q. 73, a.4 ad c., e ad 3; na Q. 79 a.1 e 2 ad c.; na Q. 83 a.1. Segundo vários autores que o estudaram, ele permaneceu sóbrio nas suas exposições, sem muitas novidades teológicas. De fato, é de autoria de Santo Tomás o famoso hino *Pange Lingua*.

> Diz a tradição que o Papa Urbano IV (1195-1264) realizou um concurso para celebrar o *Corpus Christi* (Corpo de Cristo). Alguns biógrafos comentam que, enquanto o papa lia o hino composto por Santo Tomás, São Boaventura rasgava em pedaços o seu.

Existiu, na Idade Média, uma visão mais alegórica da missa. Essa visão buscou estabelecer uma relação entre a paixão do Senhor e a celebração eucarística. Houve, por um lado, uma grande fé do povo na eucaristia, fé que se concretizou no desejo de ver a hóstia, de adorar e venerar a presença real. Por outro lado, a comunhão eucarística diminuiu progressivamente, assim como houve um crescimento das missas privadas, sem participação, o que levou – às portas da Reforma Protestante – a interpretações teológicas com certo teor de superficialidade da salvação, realizadas só com a participação na missa por meio do dinheiro e das contribuições.

Era como se tivesse diminuído o caráter cristológico do sacrifício e da intercessão e a unicidade do sacrifício da cruz. Por isso, esse foi um período em que se exasperou a eficácia dos efeitos da missa *ex opere operato* (pela obra operada). Contudo, não se insistia na participação ativa e responsável em comunhão com Cristo e com seu sacrifício. Desse modo, exagerou-se no caráter propiciatório da missa pela remissão dos pecados, mas de forma que a cerimônia pareceu colocar na sombra o sacrifício da cruz.

Acrescentamos a essas visões teológicas a série de abusos que existiam na celebração da missa. No próprio Concílio de Trento foi feita uma lista dos abusos e dos pedidos dos Padres Conciliares (Herder, 1960, citado por Castellano, 2004).

5.3.4 A posição antissacrificial dos reformadores

Lutero expressou sua posição em diversas obras, desde os primeiros sermões sobre o Corpo de Cristo até o opúsculo de 1525 contra o cânone da missa. Para ele, o homem só podia ser justificado por Deus por meio da fé, e não por meio das obras. A missa, nesse sentido, era só uma obra humana. Além do mais, o sacrifício da cruz era irrepetível e perfeito. Assim, o reformador criticou a doutrina dos Padres e aboliu o cânone da missa, ou seja, além de ter o desejo sincero de reformar, também demonstrou ser bastante consciente ao tomar uma via total e radicalmente contrária a toda a Tradição unânime da Igreja.

Entre suas doutrinas – muitas delas inspiradas por Melanchthon[9] –, Lutero negou a validade do cânone da missa, presente na Igreja desde os primórdios. Para ele, Cristo instituiu a eucaristia não como sacrifício, mas como sacramento, ou seja, não se tratava de algo que oferecemos a Deus (um sacrifício), mas de um dom que Deus nos dá.

> Lá onde deveríamos ser agradecidos pelo dom recebido, nós, soberbamente, transformamos em oferta aquilo que somente deveríamos acolher. Nós damos a Deus, como obra nossa, aquilo que nos foi dado como dom, e dessa forma, já não é Cristo que nos distribui os seus dons, mas ele deverá aceitar os benefícios que nós lhe oferecemos. (Lutero, citado por Castellano, 2004, p. 94, tradução nossa)

Zuínglio[10] expôs sua visão sobre o sacrifício no seu opúsculo *De canone missae epichiresis* e também em outras obras. A sua concepção era a de que "Cristo ofereceu-se a si mesmo só uma vez [...] A missa não é um sacrifício, mas só memorial dele e garantia da redenção que nos foi dada por Cristo" (Castellano, 2004, p. 94, tradução nossa). Calvino, por sua vez, tomou uma posição bastante articulada. Partindo do único sacerdócio de Cristo, excluiu todo sucessor ou vigário de Cristo, a fim de reafirmar a unidade do sacrifício da cruz. Assim, Calvino rejeitou a missa e, por conseguinte, a eucaristia.

Como resposta aos reformadores e às suas ideias, vários teólogos católicos trabalharam para deixar mais clara a doutrina da eucaristia. O problema foi que isso não resultou em algo tão bom quanto se esperava. Em vez de seguirem a linha de uma exegese mais sóbria e linear

---

9 Melanchton foi colaborador de Lutero e autor de *Confissão de Augsburgo* (1530). Tornou-se a principal liderança do luteranismo depois que Lutero morreu.
10 Ulrico Zuínglio (1484-1531) foi um teólogo e reformador suíço. Foi o primeiro e principal líder da Reforma Protestante na Suíça. (Vida..., 2018).

da doutrina de Trento, começaram a pulular teorias para explicar o sacrifício da missa. Obviamente, suas posições convenceram muito pouco os protestantes.

Segundo E. Quarello (1970), o nosso século buscou uma via mais teológica do que os teólogos do pós-Concílio Tridentino.

5.3.5 A posição atual dos protestantes

Max Thurian (citado por Castellano, 2004, p. 93, tradução nossa), antes mesmo de se converter ao catolicismo, encontrou razões para justificar o caráter de sacrifício da eucaristia, na linha bíblica do memorial:

> A Eucaristia é um sacrifício por três motivos: a) é a presença sacramental do sacrifício da cruz pelo poder do Espírito Santo e da Palavra, e a apresentação litúrgica deste sacrifício do Filho por meio da Igreja ao Pai, em ação de graças por todas as suas bênçãos e em intercessão para que sejam recordadas ainda; b) é a participação da Igreja na intercessão que o Filho faz junto do Pai no Espírito Santo, pela aplicação da salvação a todos os homens e pela vinda do Reino na glória; c) é o oferecimento que a Igreja faz de si ao Pai, unida ao sacrifício e à intercessão do Filho, como sua suprema adoração e perfeita consagração no Espírito Santo.

Nos documentos ecumênicos de diálogo católico-anglicano e católico-luterano, há posições bastante conciliadoras, apesar das distâncias que ainda existem de uma formulação doutrinal unânime.

Em 2017, na data alusiva aos 500 anos da Reforma Protestante, o Pontifício Conselho para a Promoção da Unidade dos Cristãos[11] (2017) publicou o seguinte comunicado conjunto com a Federação Luterana Mundial:

---

11 Órgão da Santa Sé responsável pelo diálogo ecumênico e inter-religioso.

> Hoje, 31 de outubro de 2017, último dia da Comemoração comum da Reforma, damos graças pelos dons espirituais e teológicos recebidos através da Reforma; tratou-se de uma comemoração partilhada não só entre nós mas também com os nossos parceiros ecumênicos a nível mundial. Ao mesmo tempo, pedimos perdão pelas nossas culpas e pelo modo com que os cristãos feriram o Corpo do Senhor e se ofenderam reciprocamente nos quinhentos anos desde o início da Reforma até hoje. [...]
>
> Muitos membros das nossas comunidades aspiram receber a Eucaristia numa mesa única, como expressão concreta da plena unidade. Fazemos experiência da dor de quantos partilham toda a sua vida, mas não podem partilhar a presença redentora de Deus na mesa eucarística.

Entre outros pontos, esse comunicado resume bem o estado atual do diálogo ecumênico com os irmãos protestantes, como ao afirmar que muitos cristãos anseiam por receber a eucaristia juntos e demonstrar, assim, unidade.

5.3.6 Doutrina do Magistério: dogma e teologia

A Doutrina do Magistério da Igreja pode ser sintetizada da seguinte maneira: a missa é um verdadeiro sacrifício, que está relacionado ao sacrifício da cruz. O que entendemos por *sacrifício*? Um ato supremo de religião e de culto pelo qual se manifestam a soberania de Deus e a dependência da pessoa humana com relação a Ele.

Há dois aspectos a serem considerados em um sacrifício: os **atos ou atitudes internas**, como culto, oblação, adoração, obediência e submissão; e os **atos externos**, como oblação concreta de algo ou alguém e imolação ou destruição da vítima.

No Antigo Testamento, o povo de Deus foi escolhido dentre todos os povos da terra. Esse povo praticou o verdadeiro sacrifício, apesar de ter utilizado os métodos dos povos vizinhos. Contudo, na perspectiva de Malaquias (Ml 1,10ss), todos os sacrifícios são passageiros, em vista de um verdadeiro sacrifício que ainda estaria por vir.

No Novo Testamento, a Paixão de Cristo se torna o verdadeiro sacrifício da Nova Aliança. A morte de Cristo foi vista como um sacrifício e interpretada com as características rituais do Antigo Testamento: oblação voluntária, expiação e imolação do verdadeiro Cordeiro. Trata-se de um sacrifício supremo, definitivo e único, descrito pela teologia como sacrifício da vítima, exercício do sacerdócio eterno e oblação voluntária. Como podemos perceber, a Paixão de Cristo é um sacrifício cruento parecido ao rito de expiação e de propiciação, mas realizado por obediência e amor. No caso de Cristo, o oferente é também a vítima.

> A Paixão de Cristo é um sacrifício cruento parecido ao rito de expiação e de propiciação, mas realizado por obediência e amor.

A Igreja celebra a eucaristia como memorial da Paixão de Cristo. Qual é a relação entre o sacrifício de Cristo e o da eucaristia? O Magistério afirma que a missa é um sacrifício essencialmente relativo ao da cruz, não acrescentado, não justaposto, não diverso nem substitutivo, mas feito presente de forma sacramental.

Em síntese, o caminho da argumentação a ser seguido é:

- unicidade e plenitude do sacrifício da cruz;
- mandato de Cristo de fazer o que Ele fez como seu memorial;
- a missa como sacrifício;
- nexo entre aquele sacrifício e nossa missa.

No nível teológico, estamos diante de uma relação entre dois princípios teológicos. O primeiro é o *"Semel"* (uma vez por todas), a partir da unicidade e da eternidade do sacerdócio de Cristo (Hb 7,23-28), da unicidade do sacrifício redentor (Hb 9,23ss) e do valor infinito e definitivo do sacrifício da cruz (Hb 10,8-14). Já o segundo é a teologia do memorial, o *quotiescumque* – toda vez que se anuncia e celebra a morte do Senhor.

5.3.7 Os passos dados pelo Magistério

O Concílio de Trento expôs sua doutrina na seção XXII, em 1562. Convém que leiamos com atenção, pelo menos, os dois primeiros capítulos, dada a importância ímpar desse ato do Magistério que respondeu às questões levantadas pelos protestantes.

> Cap. I – Da instituição do sacrossanto sacrifício da Missa
>
> Ainda que o Antigo Testamento, como justifica o Apóstolo São Paulo, não tenha consumação (ou perfeita santidade) devido à debilidade do sacerdócio de Levi, foi conveniente, assim como foi disposto por Deus, Pai de Misericórdia, que nascesse outro sacerdote segundo a ordem de Melquidesec, ou seja, nosso Senhor Jesus Cristo, que pudesse completar e levar à perfeição todas as pessoas que deveriam ser santificadas. O Mesmo Deus e Senhor nosso, ainda que havia de Se oferecer a Si mesmo a Deus Pai, por meio da morte no alto da cruz, para trabalhar a partir dela, a redenção eterna, contudo, como seu sacerdócio não haveria de acabar com sua morte, para deixar na última ceia, na mesma noite em que entregou à sua amada esposa, a Igreja, um sacrifício visível, segundo requer a condição dos homens, que se representasse o sacrifício cruel que havia de fazer na cruz, e permanecesse sua memória até o fim do mundo, e se aplicasse Sua salutar virtude da remissão dos pecados que diariamente cometemos, ao mesmo tempo que se declarou sacerdote segundo a ordem de Melquidesec, constituído para toda a eternidade, ofereceu a Deus Pai, Seu corpo e seu sangue, sob as espécies do pão e do vinho, e o deu a seus Apóstolos, a quem então constituía sacerdotes do Novo

Testamento, para que o recebessem sob os sinais daquelas mesmas coisas, ordenando-lhes, e igualmente a seus sucessores no sacerdócio, que O oferecessem pelas palavras: "Fazei isto em memória de Mim", como sempre o entendeu e ensinou a Igreja católica. Pois havendo celebrado a antiga páscoa, que a multidão dos filhos de Israel significava a memória de sua saída do Egito, Se instituiu a Si mesmo uma nova páscoa para ser sacrificado sob os sinais visíveis em nome da Igreja, pelo ministério dos sacerdotes em memória de seu trânsito por este mundo ao Pai. Quando derramado Seu sangue, nos redimiu, nos tirou do poder das trevas e nos transferiu a Seu reino. E esta é por certo aquela oblação pura, que não pode ser manchada por mais indignos e maus que sejam aqueles que a fazem, a mesma que predisse Deus por Malaquias, que deveria ser oferecida limpa, em todo lugar, em Seu nome, que deveria ser grande entre todas as gentes, e a mesma que significa, sem obscuridade o Apóstolo São Paulo, quando disse, escrevendo aos Coríntios: "Não poderão participar da mesa do Senhor, os que estão manchados devido sua participação na mesa dos demônios", como se fosse a mesa do altar. Esta é finalmente aquela que se figurava em várias semelhanças dos sacrifícios nos tempos da lei natural e da escrita, pois inclui todos os bens que aqueles significavam, como consumação e perfeição de todos eles. (Pio IV, 1562)

Esse primeiro capítulo fala da instituição do sacrifício da missa. Nele, encontramos, basicamente, três pontos: a) a teologia da cruz; b) a teologia da ceia; e c) a teologia da missa.

- **Cruz**: Encontramos na cruz a plenitude de todos os sacrifícios do Antigo Testamento – portanto, todos eles passam a ser extintos. Cristo instaura o novo e eterno sacerdócio que aperfeiçoa os sacrifícios antigos. A cruz, portanto, é o único e pleno sacrifício.
- **Ceia**: Cristo instituiu na Última Ceia dois sacramentos: a ordem e a eucaristia. Essa é uma interpretação unânime e constante na Igreja Católica. Trata-se da instituição da nova páscoa, para que

Cristo seja imolado pelos seus sacerdotes, como memorial de sua passagem ao Pai e de nossa redenção.
- **Missa**: Por fim, a teologia da missa, que é um sacrifício visível, representa e faz memória do único sacrifício da cruz. Esse é o sacrifício perfeito profetizado por Malaquias e interpretado assim por Paulo.

> Cap. II – O sacrifício da Missa é propício não só para os vivos, mas também para os defuntos
>
> Em virtude de que neste sacrifício que se faz na Missa, está contido e se sacrifica, sem dores, naquele mesmo a que Cristo Se ofereceu dolorosamente no altar da cruz, ensina o Santo Concílio, que este sacrifício é, com toda verdade propício, e que se consegue por ele que nos aproximamos do Senhor, arrependidos e penitentes e, se o fizermos com coração sincero, fé correta e com temor e reverência, conseguiremos misericórdia e encontraremos sua graça por meio de seus oportunos auxílios. Efetivamente aplacado, o Senhor, com esta oblação e concedendo a graça e o dom da penitência, perdoa os erros e pecados por maiores que sejam, pois a hóstia e o vinho são exatamente Ele, que agora é oferecido pelo ministério dos sacerdotes, Ele que outrora se ofereceu a Si mesmo na cruz, com apenas a diferença do modo de oferecer-se. Os frutos, por certo, daquela oblação dolorosa, se conseguem, em muito maior quantidade, por esta indolor, mas de qualquer forma esta jamais revogará, de qualquer modo, àquela. Disso se pode concluir que não somente se oferece com justa razão pelos pecados, penas, satisfações e outras necessidades dos fiéis que vivem, mas também, segundo a tradição dos Apóstolos, pelos que já morreram em Cristo, sem estar plenamente purgados. (Pio IV, 1562)

O capítulo segundo revela que esse sacrifício memorial também se estende aos que já morreram, revelando, assim, o sacrifício de Cristo incruento. É propiciatório porque exige amor, fé, penitência e contrição, a fim de que recebamos a misericórdia de Deus. O mesmo sacerdote e a mesma vítima da cruz: Cristo. A missa, portanto, não suprime a cruz e é oferecida pelos vivos e pelos mortos.

Esses dois primeiros capítulos são dogmáticos e podem ser resumidos da seguinte maneira: **a missa**, ao ser memorial da Paixão de Cristo, **é o verdadeiro sacrifício**. Não é somente sacrifício de louvor e de agradecimento ou pura comemoração do sacrifício da cruz e não serve somente para aqueles que recebem a eucaristia. É também propiciatório pelos vivos e pelos defuntos, pela remissão dos pecados e das penas e para a satisfação das culpas e de outras necessidades.

5.3.8 Outros textos do Magistério

Na Encíclica *Mediator Dei*, o Papa Pio XII (1947) retomou o Concílio de Trento e desenvolveu o tema dos fins do sacrifício eucarístico (latrêutico, eucarístico, propiciatório e impetratório). O pontífice também desenvolveu o tema da oferta da Igreja com Cristo nesse sacrifício, esclarecendo a natureza deste na dupla consagração do pão e do vinho.

Na Encíclica *Mysterium Fidei*, o Papa Paulo VI (1965a) esclareceu a doutrina eucarística citando o Concílio Vaticano II (LG n. 3 e 11), reafirmando a índole pública e social da missa celebrada por um só sacerdote, ainda sem o povo. O Concílio Vaticano II não aprofundou muito o tema do sacrifício, porém, deixou em muitos textos uma doutrina eucarística: SC 6.47; LG 3.11; e PO 5. A diferença, com relação à evolução teológica sobre a eucaristia dos séculos anteriores, é que se parte da perspectiva da ressurreição do Senhor: SC 6.47; LG 26; AG 14; PO 4.5; e UR 15. Em 1967, no documento *Eucharisticum Mysterium*, destacou-se o caráter sacrifical da eucaristia.

Na *Institutio Generalis Missalis Romani*, de 1970, também foi destacada, em alguns números, a natureza sacrifical da eucaristia, especialmente nos números 7, 48, 55 d. O Papa João Paulo II (1980, n. 9), na

Carta *Dominicae Cenae*, aprofundou o sentido existencial do sacrifício na cruz e na missa.

O resumo da fé católica, o Catecismo, articulou claramente a doutrina do sacrifício nesses termos: trata-se de um sacrifício sacramental, que é um memorial do sacrifício de Cristo; a categoria fundamental para entender o sacrifício é a do memorial bíblico (CIC, 2000, n. 1362-1365); o caráter de sacrifício está no fato de que representa o sacrifício da cruz (CIC, 2000, n. 1366) – é seu memorial e aplica seus frutos; o sacrifício de Cristo na cruz e o da Igreja são o mesmo e único sacrifício – assim, a Igreja se associa ao sacrifício de Cristo e se une na oferta e na intercessão, na comunhão dos santos e pelos defuntos (CIC, 2000, n. 1367-1371).

Síntese

Neste capítulo, analisamos as dimensões bíblica e magisterial e a eucaristia, esta última como ação de graças e sacrifício. Partimos de várias narrações eucarísticas presentes na Sagrada Escritura – todas unânimes no fato da instituição. Conforme demonstramos, Jesus não só realiza um gesto, mas ordena que se faça isso em Sua memória.

Conforme apresentamos, durante os primeiros séculos da Igreja, a celebração eucarística teve um caráter mais familiar, devido ao reduzido número de cristãos e à ausência de lugares públicos para tal finalidade. Os livros litúrgicos foram criados aos poucos, assim como as preces eucarísticas, cheias de significado e conceitos teológicos a respeito da eucaristia e de sua doutrina.

Entre os eventos históricos mais relevantes para a eucaristia, destacamos o Concílio de Trento e o Concílio Vaticano II. No primeiro, não houve um tratado sistemático da eucaristia, pois buscou-se apenas responder aos erros da época (século XVI). As respostas encontram-se, especialmente, na seção XIII, que trata da presença real, e na seção XXII, sobre o sacrifício. O segundo, ocorrido no século XX, apesar de também não ter elaborado propriamente um tratado sobre a eucaristia, tratou-a em vários documentos e realizou uma reforma litúrgica gigantesca. A Constituição *Sacrosanctum Concilium* foi o ponto de virada dessa reforma litúrgica. Com ela, restituiu-se a participação ativa e consciente da assembleia, o enriquecimento das leituras bíblicas, a importância da homilia, a oração dos fiéis, o uso de língua vernácula e a comunhão sob ambas espécies. Tudo isso representou um retorno às fontes, aumentando-se, assim, a compreensão dos ritos realizados por parte dos fiéis.

Na sequência, apresentamos os aspectos espirituais que envolvem o rito da eucaristia. Na Igreja, a presença real de Cristo é variada: Ele está realmente na oração, na prática da caridade, na pregação da Igreja etc. No entanto, a presença mais sublime é a que ocorre na eucarística, pois ela é substancial. Trata-se da transubstanciação do pão e do vinho em corpo e sangue de Cristo.

A celebração eucarística é o verdadeiro sacrifício. Essa verdade teve de ser confirmada pelo Concílio de Trento de forma solene, dados os questionamentos dos protestantes. De fato, toda a Tradição anterior a Trento, com os Padres da Igreja, interpretou de forma unânime os dados da Escritura.

Atualmente, conforme demonstramos, nos documentos ecumênicos de diálogo católico-anglicano e católico-luterano, há posições bastante conciliadoras, apesar das distâncias que ainda existem com relação a uma formulação doutrinária unânime.

Para a Igreja Católica, a eucaristia encontra-se em uma posição mais do que privilegiada dentro de sua doutrina. Trata-se do seu fundamento e do seu clímax, visto que é essência da mensagem de amor de Deus. Por isso mesmo nos referimos ao Calvário como sendo a Paixão de Cristo, dado que foi a demonstração de um grande amor. Nesse sentido, portanto, a missa é o memorial do único sacrifício de Cristo, que redimiu a humanidade e abriu-nos as portas do céu. A missa não é só uma reunião festiva, mas a celebração incruenta daquele mesmo sacrifício cruento que crucificou o filho de Deus.

Atividades de autoavaliação

1. Analise as afirmações a seguir e marque V para a(s) verdadeira(s) e F para a(s) falsa(s).
   ( ) A Sagrada Escritura nos transmitiu duas narrações da Sagrada Escritura.
   ( ) O fato histórico da fuga do Egito transformou-se em rito, em culto.
   ( ) Há um fato histórico e um rito que perpetua a Páscoa.
   ( ) Malaquias profetizou sobre o sacrifício perfeito de Cristo.
   ( ) O sacrifício eucarístico é cruento.

   Assinale a alternativa que apresenta a sequência correta:
   a) V, F, V, F, V.
   b) V, V, V, V, V.
   c) F, F, F, F, F.
   d) F, V, V, V, F.

2. Algumas obras antigas relatam testemunhos dos primeiros séculos da Igreja relacionados à Eucaristia. Analise os itens a seguir e assinale as obras que são exemplos desses relatos.
   I. *Tradição Apostólica*, de Santo Hipólito
   II. *Dei Verbum*
   III. *Lumen Gentium*
   IV. *Didaqué*

   Agora, assinale a alternativa que apresenta a resposta correta:
   a) Os itens I, II e IV estão corretos.
   b) Os itens I, II e III estão corretos.
   c) Os itens II e III estão errados.
   d) Os itens II e III estão corretos.

3. Entre as afirmações a seguir, referentes àquilo que ocorre na consagração em toda missa, marque V para a(s) afirmações verdadeira(s) e F para a(s) falsa(s).
   ( ) A substância das espécies muda completamente.
   ( ) Mudam-se a aparência e a essência, mas o pão já não é pão.
   ( ) Mudam-se os acidentes e permanece a substância.
   ( ) Ficam só a aparência do pão e a aparência do vinho.

   Assinale a alternativa que apresenta a sequência correta:
   a) V, F, V, F.
   b) V, V, V, V.
   c) F, F, F, F.
   d) V, F, F, V.

4. A doutrina da presença de Cristo na eucaristia, a transubstanciação, foi reafirmada no Concílio de Trento e negada pelos reformadores. Sobre a transubstanciação, analise as afirmações a seguir e marque V para a(s) verdadeira(s) e F para a(s) falsa(s).
   ( ) Na eucaristia está verdadeiramente o mesmo Jesus Cristo que está no Céu e que nasceu, na terra, da Santíssima Virgem Maria.
   ( ) A eucaristia é um sacramento que contém verdadeira, real e substancialmente o corpo, sangue, alma e divindade do mesmo Jesus Cristo Nosso Senhor, debaixo das espécies de pão e de vinho.
   ( ) A matéria do sacramento da eucaristia é a que foi empregada por Jesus Cristo, a saber: o pão de trigo e o vinho de uva.
   ( ) A forma do sacramento da eucaristia são as palavras usadas por Jesus Cristo: "Isto é o meu Corpo; este é o meu Sangue".
   ( ) Quando se parte a hóstia, parte-se também o corpo de Cristo.

Assinale a alternativa que apresenta a sequência correta:
a) V, V, V, V, F.
b) F, F, F, F, V.
c) V, F, V, F, V.
d) F, F, F, F, F.

5. Várias verdades de fé tiveram de ser reafirmadas pelo Concílio por causa da Reforma. Analise as afirmações a seguir e marque V para a(s) verdadeira(s) e F para a(s) falsa(s).
( ) Só o sacerdote é capaz de, *in persona Christi*, consagrar, embora todos os batizados ali reunidos ofertem o sacrifício.
( ) A missa não é um verdadeiro sacrifício, mas está relacionada ao sacrifício da cruz.
( ) Sacrifício é um ato supremo de religião e de culto com o qual se manifestam a soberania de Deus e a dependência da pessoa humana com relação a Ele.
( ) A missa serve somente para aqueles que recebem a eucaristia.
( ) A missa é sacrifício propiciatório pelos vivos e pelos defuntos, pela remissão dos pecados e das penas e para a satisfação das culpas e de outras necessidades.

Assinale a alternativa que apresenta a sequência correta:
a) V, F, V, F, F.
b) V, V, V, V, V.
c) F, F, F, F, F.
d) V, F, V, F, V.

Atividades de aprendizagem

Questões para reflexão

1. O Papa Francisco quis participar pessoalmente da celebração dos 500 anos da Reforma Protestante, iniciada em 2016 e concluída em 2017. "Entre as bênçãos recebidas durante o ano da Comemoração, há o fato que, pela primeira vez, luteranos e católicos viram a Reforma de uma perspectiva ecumênica" (Pontifício Conselho para a Promoção da Unidade dos Cristãos, 2017). Tal atitude tem provocado uma nova interpretação do que ocorreu no XVI e dos motivos da separação. "Mais uma vez, sobressaiu claramente que aquilo que nos une é muito superior ao que nos separa" (Pontifício Conselho para a Promoção da Unidade dos Cristãos, 2017).

    Nesse sentido, leia a Declaração Conjunta sobre a Doutrina da Justificação, assinada em 1999, e faça uma resenha.

2. Disserte sobre a seguinte afirmação, no contexto do ecumenismo: "aquilo que nos une é muito superior ao que nos separa".

Atividade aplicada: prática

1. Dado que o Magistério deixou claro que a "Igreja vive da Eucaristia e que esse sacramento é fonte e ápice de toda a vida cristã" (João Paulo II, 2003), analise a seu redor, na sua paróquia, na sua comunidade católica, se a eucaristia está ocupando esse lugar. Veja desde a localização do sacrário físico dentro do templo até a arte que nele foi utilizada e os materiais que o compõem, a fim de conferir se denotam respeito. Note se o altar encontra-se escondido em um quartinho ou localizado em uma posição central. Observe se há vida eucarística na comunidade: se os fiéis visitam com frequência o Cristo na eucaristia, se o adoram e dedicam o melhor do seu tempo para vê-lo e cultivar uma relação pessoal com Ele.

6
Eucaristia: da matéria e forma à missão no mundo[1]

---

1 Todas as passagens bíblicas indicadas neste capítulo são citações de Bíblia (2000).

É impossível testemunhar o partir do pão e permanecer com o coração indiferente e frio. Isso se deve ao fato de que a eucaristia é fábrica de missionários. Por isso, neste último capítulo, apresentaremos a eucaristia vinculada à missão. Para isso, analisaremos, principalmente, as partes que compõem a celebração e como esse sacramento é fundamental para a unidade dos cristãos – afinal, foi na Última Ceia que o Senhor rezou pedindo que todos os seus discípulos fossem um.

Como nos demais sacramentos, também definiremos a matéria e a forma da eucaristia: o pão ázimo e o vinho da videira, inspirados na páscoa judaica, e as palavras da consagração. Em seguida, indicaremos os frutos da eucaristia: aumento da nossa comunhão com Cristo; separação do pecado; preservação com relação aos pecados mortais e futuros; apagamento dos pecados veniais; e comprometimento da Igreja com a união dos cristãos.

Também trataremos da eucaristia e do diálogo ecumênico, visto que, sendo fonte e ápice da vida da Igreja, também o é da unidade ou não dos cristãos (o contato com o Cristo vivo, Pão da Vida, aquece o coração para a missão). Por fim, apresentaremos as partes da celebração: cada uma tem sua importância, mas o cume é a consagração do pão e do vinho em corpo e sangue do Senhor.

6.1 Matéria e forma

As narrações sobre a instituição da eucaristia deixaram claro uma coisa: Jesus a instituiu com o pão e o vinho. Por isso, a seguir, trataremos da matéria e da forma da eucaristia.

6.1.1 Matéria

Provavelmente Jesus seguiu a tradição judaica dos pães ázimos e do vinho vermelho, misturado com água, para temperar seu grau. A tradição ocidental sempre conservou o pão ázimo de trigo e o vinho da videira – que não pode ser substituído por qualquer bebida alcoólica feita de frutas vermelhas[2]. Os orientais, por outro lado, usam o pão fermentado.

Ao longo dos séculos, houve diversas discussões sobre o uso do pão ázimo ou do pão fermentado. Os ocidentais recordam que o próprio Senhor usou o pão ázimo e realçam o sentido da pureza do pão não fermentado. Os orientais, por sua vez, insistem no pão fermentado para mostrar a diferença do pão dos judeus, expressando a novidade da comida pascal do Cristo Ressuscitado, e também para indicar melhor a natureza de comida desse pão.

A Instrução Geral do Missal Romano (IGMR), em seu n. 320, reitera a norma do uso do pão ázimo para a Igreja latina como única matéria da eucaristia, esclarecendo no número seguinte que a "natureza do sinal exige que a matéria da celebração eucarística se apresente como verdadeiramente comida" (IGMR, 2003, n. 321, tradução nossa).

> Pão e vinho são realidades que demonstram bem o aspecto do banquete horizontal e vertical – dos homens entre si e dos homens com Deus.

Na tradição latina, o vinho deve ser misturado com água. São várias as explicações dessa simbologia no Ocidente: o sangue e a água que jorraram do lado de Cristo (Jo 19,34); a participação da Igreja no sacrifício de Cristo (tradição que vem de São Cipriano); e a dupla natureza de Cristo – a humana e a divina. O significado teológico e simbólico desse gesto foi explicado no Concílio de Florença, no Decreto *Pro Armenis*.

Pão e vinho são realidades que demonstram bem o aspecto do banquete horizontal e vertical – dos homens entre si e dos homens com Deus. Por isso esse símbolo é intrínseco a tal sacramento. Preferencialmente,

---

2 A IGMR (2003, n. 322) afirma que a única matéria válida para a Eucaristia é "o vinho que deve ser puro, do fruto da videira, natural e genuíno, sem substâncias estranhas e não alterado, e misturado com um pouco de água".

a eucaristia deve ser recebida sob as duas espécies, sendo que as hóstias consagradas devem ser consumidas na mesma missa (IGMR, 2003).

De acordo com o Cân. 927 do Código de Direito Canônico (CDC): "**Cân. 927** – Não é lícito, nem mesmo urgido extrema necessidade, consagrar uma matéria sem a outra, ou mesmo consagrá-las a ambas fora da celebração eucarística" (CDC, 2007, Cân. 927, p. 243).

Por mais estranho que possa parecer, encontramos casos, na história da Igreja, em que houve a tentação de se trocar a matéria da celebração da eucaristia, como utilizar água, no caso dos assim chamados *aquários*, e pão e queijo, no caso dos artotirites[3]. Há ainda casos mais recentes, sob o manto da "enculturação", de trocar as matérias originais por outras típicas da região em questão. Obviamente, não vamos analisar aqui casos polêmicos, como pessoas que têm alergia ao glúten ou sacerdotes que não podem consumir uma gota de álcool.

Nenhuma cultura, obviamente, é superior a outra. Nenhuma cultura deve, portanto, ser divinizada, como se fosse um fim em si mesma. Qualquer ser humano, apesar de ter nascido em determinada cultura, pode transcendê-la e adaptar-se com facilidade a outras diversas. O modo como se celebra a eucaristia e a forma e a matéria utilizadas não são imposições de Roma. Trata-se, simplesmente, de uma aceitação plena da cultura que Cristo assumiu para realizar Sua revelação e para dar-nos a realidade sacramental de sua economia de salvação.

Em outras palavras, o Senhor revelou claramente quais são os elementos sacramentais, e isso ninguém pode mudar. Não somos nós que preparamos uma ceia para o Senhor, mas o Senhor que nos preparou e prepara a Sua Ceia, sinal do Seu sacrifício. É esse o motivo por que devemos seguir a vontade do Mestre e não a nossa.

---

3 Santo Isidoro apresenta três heresias eucarísticas dos primeiros séculos do cristianismo: os *artotirites* (levam esse nome pelo fato de que a oferta deles era pão e queijo, recordando os antigos que ofereciam ao Senhor os frutos da terra e das ovelhas), os *aquários* (usam só água e não vinho) e os *erianos* (derivam de um tal Ério, que não admitia o sacrifício eucarístico para os defuntos).

6.1.2 Forma

"Fazei isto em memória de mim". Nessas palavras, a teologia encontra o fundamento da forma sacramental. A Tradição, portanto, entende que devemos realizar o memorial com os mesmos gestos do Senhor, com a repetição de suas palavras, assim como Ele fez.

As próprias narrações da instituição da eucaristia se mostraram historicamente como fórmulas litúrgicas utilizadas nas comunidades primitivas, ou seja, como forma da eucaristia para celebrar o memorial do Senhor.

Alguns questionam a ausência de narração da instituição da eucaristia em textos como a *Didaqué* (2014). No entanto, isso é compreensível devido à existência da **disciplina do arcano**[4]. A partir da tradição apostólica, que trouxe a primeira anáfora[5] ocidental conhecida, a narração da instituição aparece em todas as orações eucarísticas.

"A forma deste sacramento são as palavras com as quais o Salvador o produziu", conforme postulado no Concílio de Florença (citado por Denzinger, 2007, n. 1321, p. 364). O Decreto para os Coptas, em seguida, especificou mais ainda a forma da eucaristia:

> "Hoc est enim corpus meum"; [...] "Hic est enim calix sanguinis mei, novi et aeterni testamenti, mysterium fidei, qui pro vobis et pro multis effundetur in remissionem peccatorum"[6]. (Denzinger, 2007, n. 1352, p. 372)

---

4 Trata-se de um conceito teológico que pretende explicar uma prática muito usual dos primeiros séculos do cristianismo, quando os cristãos guardavam o tesouro da fé e só revelavam todo o "Credo" aos neófitos catecúmenos após a recepção dos sacramentos de iniciação cristã.

5 Palavra grega que advém de *ana-fero* (elevar). O que elevamos a Deus é o louvor ou o sacrifício. É o nome que recebe, nas liturgias orientais, o que chamamos *Oração Eucarística*, e que, em latim, foi recebendo diversas denominações: *prex eucharistica, prex, contestatio, illatio, cânon* e *cânon actionis* (Anáfora, 2017).

6 Tradução livre: "'Este é o meu corpo;' [...] 'Este é o cálice do meu sangue, novo e eterno testamento, mistério da fé, que por vós e por muitos é entregue pela remissão dos pecados'".

O Papa Paulo VI, com a Constituição Apostólica *Missale Romanum*, de 3 de abril de 1969, modificou essas palavras do cânone romano e de outras orações eucarísticas, acrescentando à fórmula latina do pão "*quod pro vobis tradetur*" ("que por vós é entregue") e retirando da fórmula do cálice a expressão "*mysterium fidei*" (mistério da fé), a qual foi realocada para o final da consagração (Paulo VI, 1969).

6.2 Eucaristia e a remissão dos pecados

A eucaristia, como já apresentamos anteriormente, produz diversos frutos. O Catecismo da Igreja Católica – CIC (2000, n. 1391-1400) enumera e explica um pouco mais esses frutos.

- **Aumento da nossa comunhão com Cristo:** "Receber a eucaristia na comunhão traz como fruto principal a união íntima com Cristo Jesus" (CIC, 2000, n. 1391, p. 384). O que o alimento material realiza com o corpo, a eucaristia faz com o espírito. A eucaristia "conserva, aumenta e renova a vida da graça recebida no batismo" (CIC, 2000, n. 1392, p. 385).
- **Separação do pecado por meio da comunhão:** O sangue do Senhor é derramado pela remissão dos pecados. "Por isso a Eucaristia não pode unir-nos a Cristo sem purificar-nos ao mesmo tempo dos pecados cometidos e sem preservar-nos dos pecados futuros" (CIC, 2000, n. 1393, p. 385).

- **Apagamento dos pecados veniais:** A caridade, na vida diária, tende a diminuir e esfriar. A eucaristia fortalece essa caridade. "Ao dar-se a nós, Cristo reaviva nosso amor e nos torna capazes de romper as amarras desordenadas com as criaturas e de enraizar-nos nele" (CIC, 2000, n. 1394, p. 385).
- **Preservação com relação aos pecados mortais futuros:** Quanto maior cresce a nossa amizade e comunhão com Cristo, mais difícil fica separar-nos Dele pelo pecado mortal. O Catecismo, contudo, salienta que não é próprio da eucaristia apagar os pecados mortais: "Isso é próprio do Sacramento da Reconciliação. A Eucaristia é o sacramento daqueles que estão em plena comunhão com a Igreja" (CIC, 2000, n. 1395, p. 386).
- **A eucaristia faz a Igreja:** Aqueles que comungam se unem a Cristo e a todos os fiéis, formando, assim, um só corpo, a Igreja. "O cálice de bênção, que benzemos, não é comunhão do sangue de Cristo? E o pão, que partimos, não é comunhão do corpo de Cristo? Uma vez que há um único pão, nós, embora sendo muitos, formamos um só corpo, porque todos nós comungamos do mesmo pão" (1Cor 10,16-17).
- **Compromisso com os pobres:** É necessário, para receber a eucaristia, reconhecer o Cristo nos mais pobres. São João Crisóstomo (citado por CIC, 2000, n. 1397, p. 387) recordou que aquele que assim não procede desonra o sacramento, pois "Deus te libertou de todos os teus pecados e te convidou para esta mesa. E tu, nem mesmo assim, te tornaste mais misericordioso".
- **A eucaristia e a unidade dos cristãos:** Com as divisões que ocorreram ao longo desses dois mil anos de cristianismo, muitas comunidades deixaram de participar do banquete em comum.

> Os orientais, que conservaram todos os sacramentos, mantêm a celebração fervorosa da eucaristia. Em certas circunstâncias, é possível a comunhão mútua, ou seja, católicos receberem a eucaristia em igrejas orientais, como a Ortodoxa, e orientais receberem a eucaristia em igrejas ocidentais católicas. Já os filhos da Reforma, que não conservaram o sacramento da ordem, apesar de não terem tal sacramento, "fazem memória, na santa ceia, da morte e da ressurreição do Senhor, professam que a vida consiste na comunhão com Cristo e esperam a sua vinda gloriosa" (CIC, 2000, n. 1400, p. 387).

Em circunstâncias de gravidade, a Igreja Católica pode dar os sacramentos (eucaristia, penitência e unção dos enfermos) a outros cristãos que não estão em plena comunhão com ela. No entanto, isso deve ser pedido de forma espontânea, devendo a pessoa manifestar a fé católica no tocante a tais sacramentos e ter as disposições exigidas (CIC, 2000, n. 1401).

Segundo um esquema tradicional, citado por Moliné (1999), é possível destacar quatro frutos da eucaristia:

- **Geral:** Toda a Igreja aproveita seu conjunto – Igreja triunfante, militante e purgante. Todos os cristãos, pela comunhão dos santos, recebem as graças de cada missa.
- **Especial:** Fruto aproveitado pelos assistentes.
- **Especialíssima:** Fruto aproveitado pelo sacerdote celebrante.
- **Ministerial:** Fruto aproveitado por aqueles para quem foi oferecida a missa.

A aplicação desse último fruto só pode ser feita pelo sacerdote celebrante. Ele pode oferecer a missa pelos vivos ou pelos defuntos.

6.3 Eucaristia: unidade dos cristãos

A Conferência Nacional dos Bispos do Brasil (CNBB) publicou, em 2003, o *Guia Ecumênico*, com informações, normas e diretrizes sobre o ecumenismo. Nesse guia, podemos encontrar a situação da eucaristia no diálogo ecumênico com as outras principais igrejas cristãs.

Na Igreja Católica, prefere-se o uso do termo *eucaristia* para a celebração do sacramento que comemora e atualiza a última ceia de Jesus. Por outro lado, boa parte das igrejas evangélicas utiliza o termo *Santa Ceia*. Sabemos que na Última Ceia Jesus Cristo instituiu o sacrifício eucarístico do seu corpo e sangue, confiando-o à Igreja para que o perpetuasse e atualizasse até Seu retorno (SC, n. 47). Todos os demais sacramentos e todo o resto da vida da Igreja têm na eucaristia a sua fonte e ápice (PO, n. 5). Ao comungar ou oferecer a Deus essa vítima perfeita e imolada, mostramos de modo concreto a unidade do povo de Deus (LG, n. 11).

6.3.1 Eucaristia e diálogo ecumênico

Da centralidade que a eucaristia tem na vida da Igreja nasce sua importância no diálogo ecumênico com as outras realidades e confissões cristãs. Aí radicam, também, os obstáculos para uma plena comunhão.

Os orientais também acreditam na presença permanente de Cristo nas espécies eucarísticas; contudo, a forma de culto é bem diferente da dos ocidentais. Se entrarmos em uma Igreja Ortodoxa, por exemplo, o primeiro contato que temos é com os santos, pois a eucaristia é mantida escondida dentro do templo. Já em um templo da Igreja Apostólica

Romana, no geral, o primeiro contato é com a luz vermelha do sacrário. Isso se deve ao fato de que os orientais buscam acentuar o aspecto do mistério, do *mysterium tremendum*. As igrejas nascidas da Reforma, por outro lado, já demonstram uma distância maior de concepção doutrinal que vai desde o papel do ministro na celebração à questão da presença real, ao caráter sacrifical da missa, à intervenção da comunidade na celebração etc.

Houve uma evolução recente no diálogo cristão, pois percebeu-se que as diferenças existentes eram proveniente mais das formas distintas como as verdades são expostas do que do conteúdo dos enunciados propriamente dito.

A CNBB (2003) destacou quatro documentos que marcam o diálogo ecumênico internacional, depois da publicação do documento principal do Concílio Vaticano II, *Unitatis Redintegratio* (UR), e de o ecumenismo entrar para ficar na vida da Igreja Católica. São eles: *Declaração Comum sobre a Doutrina Eucarística*, da Comissão Anglicano-Católica; o *Acordo sobre a Eucaristia*, do Grupo de Dombes; e o *Relatório de Malta* e *A ceia do Senhor*, da Comissão Internacional Luterano-Católica.

Em 1974, foram aprovados três documentos sobre batismo, eucaristia e ministério pelo Conselho Mundial de Igrejas[7], do qual também faz parte, desde 1968, a Igreja Católica. Eles não trazem consensos, mas sim um resumo do que os teólogos de diversas tradições cristãs puderam dizer em comum sobre esses mistérios. Tais documentos foram enviados às igrejas para apreciação. Em 1977, 40 peritos de fé se reuniram a fim de fazer uma síntese das 140 respostas recebidas. A parte da eucaristia descreve o sacramento como o centro da vida da Igreja.

---

7 O Conselho Mundial de Igrejas é o principal órgão que cuida do diálogo entre as diferentes igrejas cristãs no mundo. A Igreja Católica participa como "observadora", embora seja membro a pleno título da Comissão Fé e Constituição.

A Comissão Fé e Constituição, do Conselho Mundial de Igrejas, publicou uma nova edição chamada *Batismo, eucaristia, ministério – convergência de fé*. Mais uma vez, o texto foi reenviado às igrejas. A Igreja Católica, por meio do Conselho Pontifício para a Promoção da Unidade dos Cristãos, enviou o texto para todas as conferências analisarem e darem uma resposta.

6.3.2 Comunhão eucarística a orientais

O Papa João Paulo II, em sua carta encíclica *Ecclesia de Eucharistia*, sobre a eucaristia e sua relação com a Igreja, deixou uma clara indicação sobre como se comportar com os orientais que, de boa-fé, aproximam-se da Igreja Católica para receber a eucaristia e estão bem preparados. O pontífice citou a Encíclica *Ut Unum Sit* (n. 46), na qual afirma que

> os ministros católicos podem, em determinados casos particulares, administrar os sacramentos da Eucaristia, da Penitência, da Unção dos Doentes a outros cristãos que não estão em plena comunhão com a Igreja Católica, mas que desejam ardentemente recebê-los, pedem-nos livremente, e manifestam a fé que a Igreja Católica professa nestes sacramentos. (João Paulo II, 1995)

O mesmo está permitido a católicos que se encontrem em circunstâncias parecidas. No entanto, deve haver a vontade e, consequentemente, a procura da pessoa, pois a rejeição de uma verdade de fé deixa o requerente "despreparado para sua legítima recepção". Um católico também não pode receber a comunhão em uma comunidade cristã que não tenha o sacramento da ordem, conforme indica o CDC (2007, Cân. 844).

6.4 Eucaristia e a missão no mundo

Os discípulos de Emaús não esperaram nem um minuto sequer. Depois de terem reconhecido o Senhor, partiram imediatamente para anunciá-Lo (Lc 24,33). A experiência do encontro com o Mestre ao partir o pão é uma experiência missionária.

O Papa João Paulo II (2004, n. 24), na Carta Apostólica *Mane Nobiscum Domine* (MND), ensina que: "Quando se faz uma verdadeira experiência do Ressuscitado, alimentando-se do seu corpo e do seu sangue, não se pode reservar para si mesmo a alegria sentida". A eucaristia torna-se, portanto, o lugar do encontro diário com o Mestre Ressuscitado, aprofundando essa relação.

Há uma íntima relação entre banquete e anúncio (1Cor 11,26). Comungar com Cristo nesse ritual da Páscoa é o que faz surgir o missionário, visto que a "despedida no final de cada Missa constitui **um mandato**, que impele o cristão para o dever de propagação do Evangelho e de animação cristã da sociedade" (João Paulo II, 2004, n. 24). A própria despedida de cada missa, melhor expressada em latim "*Ite, Missa est*", demonstra uma ordem para o cristão propagar o Evangelho por todo o mundo.

> Eu voltarei à fórmula tradicional latina que era muito breve: '*Ite, missa est*'. Muito breve, mas, ao mesmo tempo, cheia de conteúdo, porque falava da missão. A Missa não acabou. A Missa está sempre aberta, aberta a cada um de nós, à nossa fé e à nossa vida. Essa fé e essa vida devem fazer-se missão. Todos somos Igreja aqui, na terra, e todos estamos na Igreja em estado de missão. Essa é a visão que se encontra dentro das breves palavras da conclusão litúrgica da Missa latina: "*Ite, missa est*". (João Paulo II, 1990, tradução nossa)

Para que essa missão surja do nosso contato com a eucaristia, devemos meditar, individual e comunitariamente, e tirar dela as consequências, as atitudes e os propósitos de vida.

A Carta Apostólica MND recordou-nos, também, três formas práticas de viver a eucaristia: render graças, a vida da solidariedade e o serviço aos últimos.

Render graças é uma atitude que nasce do próprio significado de eucaristia: "ação de graças". "Em Jesus, no seu sacrifício, no seu 'sim' incondicional à vontade do Pai, está o 'sim', o 'obrigado' e o 'amen' da humanidade inteira" (João Paulo II, 2004, n. 26). Agradecer é uma atitude difícil de se encontrar em uma cultura autossuficiente e secularizada como a nossa. Agradecer, dar graças, significa "testemunhar que **a realidade humana não se justifica sem a referência ao Criador:** 'Sem o Criador, a criatura não subsiste'" (João Paulo II, 2004, n. 26, grifo do original).

Em outras palavras, agradecer ao Criador não nos retira a autonomia, mas nos mantém dentro dos nossos justos limites de criatura. Enfim, essa atitude de render graças deve fazer o cristão não ter medo de testemunhar sua fé, independentemente do contexto em que esteja. Ela joga por terra o pensamento laicista que afirma ser a fé um perigo para o Estado, visto que a cultura da eucaristia promove o diálogo. De fato, quem "aprende a dizer 'obrigado' à maneira de Cristo crucificado, poderá ser um mártir, mas nunca um algoz" (João Paulo II, 2004, n. 26).

A **vida da solidariedade** refere-se ao fato de que a eucaristia, mais do que "expressão de comunhão na vida da Igreja; é também **projeto de solidariedade** em prol ds humanidade inteira" (João Paulo II, 2004, n. 27, grifo do original). Deixando de lado os excessos e erros daqueles cristãos que fazem desse sacramento "prêmio para os bons", na linguagem do Papa Francisco, a eucaristia é sinal de unidade de todo o gênero humano. O verdadeiro cristão, "que participa da Eucaristia, dela aprende a tornar-se **promotor de comunhão, de paz, de solidariedade**, em todas as circunstâncias da vida" (João Paulo II, 2004, n. 27, grifo do original). Nesse milênio, que começou com horizontes de guerras e terrorismo, o cristão deve encontrar na eucaristia uma escola de paz.

Estar a **serviço dos últimos** é, além de amar a Deus, amar ao próximo. É mentiroso aquele que diz que ama a Deus, invisível, mas não ama seu irmão necessitado, visível. Portanto, é sinal de autenticidade da eucaristia a ajuda que damos aos últimos da sociedade. A eucaristia deve impulsionar a edificação de uma sociedade mais equânime e fraterna. Jesus, nesse sacramento, derrubou os critérios egoístas da sociedade e consagrou o único critério que deve reger as relações: o serviço. "Não por acaso que, no Evangelho de João, se encontra, não a narração da instituição eucarística, mas a do 'lava-pés'" (João Paulo II, 2004, n. 28).

Quantas vezes vemos grupos de cristãos que, por se voltarem à perfeição do culto, esquecem o motivo desse culto eucarístico e tornam-se, assim, fariseus, homens preocupados com as leis em vez do amor. "Não podemos iludir-nos: do amor mútuo e, em particular, da solicitude por quem passa necessidade, seremos reconhecidos como verdadeiros discípulos de Cristo [...]. Com base neste critério, será comprovada a autenticidade das nossas celebrações eucarísticas" (João Paulo II, 2004, p. 28).

Conforme podemos perceber, para o Magistério da Igreja, seguindo a Escritura e a Tradição, a eucaristia é fonte e ápice de toda a vida da Igreja.

> Por isso, a Igreja tira a força espiritual de que necessita para levar a cabo a sua missão da perpetuação do sacrifício da cruz na Eucaristia e da comunhão do corpo e sangue de Cristo. Deste modo, a Eucaristia apresenta-se como **fonte** e simultaneamente **vértice** de toda a evangelização, porque o seu fim é a comunhão dos homens com Cristo e, n'Ele, com o Pai e com o Espírito Santo. (João Paulo II, 2003, n. 22, grifo do original)

Ir à missa dominical para cumprir um preceito já é um começo, sem dúvida, visto que essa atitude ao menos dá à alma uma chance de encontro mais autêntico com Deus. Contudo, devemos procurar aprofundar nossa fé, de forma ativa, a fim de descobrirmos os motivos que nos fazem estar lá e aprofundar-nos no sacramento celebrado, procurando viver também o sacramento da confissão. "A missão é levar Cristo, de forma crível, aos ambientes da vida, do trabalho, do cansaço, do sofrimento, fazendo com que o espírito do Evangelho se torne fermento na história e 'projeto' de relações humanas marcadas pela solidariedade e pela paz" (Congregação..., 2004). Assim, devemos, principalmente, revestir-nos de Cristo no trabalho, na família, para testemunhar a graça de ser católico.

6.5 As partes da missa

Um dos grandes frutos do Concílio Vaticano II foi a reforma litúrgica. Sem romper com a Tradição, mas interpretando o sentir da Igreja e do mundo contemporâneo, os padres sinodais apontaram várias mudanças que pautaram o modo como se celebra a Santa Eucaristia em todo o mundo.

O CIC descreve dessa forma a sequência da celebração:

> **Todos se reúnem**. Os cristãos acorrem a um mesmo lugar para a Assembleia Eucarística, encabeçados pelo próprio Cristo, que é o ator principal da Eucaristia. Ele é o sumo sacerdote da Nova Aliança. É Ele mesmo quem preside invisivelmente toda Celebração Eucarística. E representando-o que o Bispo ou o presbítero (agindo "em representação de Cristo-cabeça") preside a assembleia, toma a palavra depois das leituras, recebe as ofertas e profere a oração eucarística. **Todos** têm sua parte ativa na celebração, cada um

a seu modo: os leitores, os que trazem as oferendas, os que dão a comunhão e todo o povo, cujo Amém manifesta a participação.

A **Liturgia da Palavra** comporta "os escritos dos profetas", isto é, o Antigo Testamento, e "as memórias dos Apóstolos", isto é, as suas epístolas e os evangelhos; depois da homilia, que exorta a acolher esta palavra como ela verdadeiramente é, isto é, como Palavra de Deus, e a pô-la em prática, vêm as intercessões por todos os homens, de acordo com a palavra do Apóstolo: "Eu recomendo, pois, antes de tudo, que se façam pedidos, orações, súplicas e ações de graças por todos os homens, pelos reis e todos os que detêm a autoridade" (1Tm 2,1-2).

A **apresentação das oferendas** (o ofertório): trazem-se então ao altar, por vezes em procissão, o pão e o vinho que serão oferecidos pelo sacerdote em nome de Cristo no Sacrifício Eucarístico e ali se tornarão o Corpo e o Sangue de Cristo. Este é o próprio gesto de Cristo na Última Ceia, "tomando pão e um cálice". "Esta oblação, só a Igreja a oferece, pura, ao Criador, oferecendo-lhe com ação de graças o que provém de sua criação". A apresentação das oferendas ao altar assume o gesto de Melquisedec e entrega os dons do Criador nas mãos de Cristo. É ele que, em seu sacrifício, leva à perfeição todos os intentos humanos de oferecer sacrifícios.

Desde os inícios, os cristãos levam, com o pão e o vinho para a Eucaristia, seus dons para repartir com os que estão em necessidade. Este costume da **coleta**, sempre atual, inspira-se no exemplo de Cristo que se fez pobre para nos enriquecer.

[...]

A **anáfora**. Com a Oração Eucarística, oração de ação de graças e de consagração, chegamos ao coração e ao ápice da celebração.

No **prefácio**, a Igreja rende graças ao Pai, por Cristo, no Espírito Santo, por todas as suas obras, pela criação, a redenção, a santificação. Toda a comunidade junta-se então a esse louvor incessante que a Igreja celeste, os anjos e todos os santos cantam ao Deus três vezes Santo.

Na **epiclese** ela pede ao Pai que envie seu Espírito Santo (ou o poder da sua bênção) sobre o pão e o vinho, para que se tornem, por seu poder, o Corpo e o Sangue de Jesus Cristo, e para aqueles que tomam parte na Eucaristia sejam um só corpo e um só espírito (certas tradições litúrgicas colocam a epiclese depois da anamnese);

No **relato da instituição**, a força das palavras e da ação de Cristo e o poder do Espírito Santo tomam sacramentalmente presentes, sob as espécies do pão e do vinho, o Corpo e o Sangue de Cristo, seu sacrifício oferecido na cruz de uma vez por todas.

Na **anamnese** que segue, a Igreja faz memória da Paixão, da Ressurreição e da volta gloriosa de Cristo Jesus; ela apresenta ao Pai a oferenda de seu Filho que nos reconcilia com ele.

Nas **intercessões**, a Igreja exprime que a Eucaristia é celebrada em comunhão com toda a Igreja do céu e da terra, dos vivos e dos falecidos, e na comunhão com os pastores da Igreja, o Papa, o Bispo da diocese, seu presbitério e seus diáconos, e todos os Bispos do mundo inteiro com suas Igrejas.

Na **comunhão**, precedida da Oração do Senhor e pela fração do pão, os fiéis recebem "o pão do céu" e "o cálice da salvação", o Corpo e o Sangue de Cristo, que se entregou "para a vida do mundo" (Jo 6,51) [...]. (CIC, 2000, n. 1348-1355, p. 372-374, grifo do original)

Por sua vez, a IGMR (2003) afirma que a missa é composta por duas partes, as quais formam um só culto: a **liturgia da palavra** e a **liturgia eucarística**. Essas partes estão intimamente unidas entre si, embora sejam subdividas em pequenas partes menores.

6.5.1 Ritos iniciais

Os ritos iniciais são compostos pela entrada do ministro, saudação, pelo ato penitencial, *Kyrie*, pela Glória e oração do dia. "Sua finalidade é fazer com que os fiéis, reunindo-se em assembleia, constituam uma comunhão e disponham-se a ouvir atentamente a Palavra de Deus e celebrar dignamente a eucaristia" (IGMR, 2003, n. 46, tradução nossa). Observe a seguir cada um desses passos.

- **Entrada do ministro:** É acompanhada de um canto que deve servir para introduzir a liturgia do dia. Na ausência de um canto, lê-se a antífona de entrada.
- **Saudação ao altar e ao povo reunido:** O ministro chega ao altar, faz uma profunda reverência e depois o beija. Em seguida, dirige-se à cadeira e, de pé, faz o sinal da cruz; na sua saudação, o ministro expressa a presença do Senhor no meio de todos.
- **Ato penitencial:** Após breve pausa de silêncio, toda a assembleia reza uma fórmula de confissão geral, seguida da absolvição do sacerdote. "Absolvição que, contudo, não possui a eficácia do sacramento da penitência" (IGMR, 2003, n. 51, tradução nossa).
- *Kyrie, Eleisón* (ou "Senhor, tende piedade"): Se não foi cantado no ato penitencial, deve ser repetido pelo povo.
- **Glória:** Hino muito antigo com o qual a Igreja glorifica e suplica a Deus Pai e ao Cordeiro. É recitado aos domingos e em festas e solenidades, exceto na Quaresma e no Advento.
- **Oração da coleta:** É o momento que o sacerdote diz "oremos". Todo o povo se recolhe em silêncio e traz ao coração as próprias intenções. Em seguida, o sacerdote reza a oração do dia.

A missa começa com a invocação da Santíssima Trindade. Esse sinal remonta aos tempos de Jesus Cristo. Nessa época, os cristãos começavam e concluíam suas celebrações invocando a Trindade Santa. Trata-se do momento em que buscamos concentrar todo o nosso ser – mente, coração, afetos e atenção – nessa celebração.

6.5.2 Liturgia da Palavra

O principal dessa parte são as leituras da Sagrada Escritura, seguidas da homilia, da profissão de fé e da oração universal ou dos fiéis. Na combinação de leituras e homilia, Deus fala a seu povo. Como forma de apropriação da Palavra de Deus, os fiéis, por meio do silêncio e dos cantos, aderem "pela profissão de fé, e, alimentados por essa palavra, rezam na oração universal pelas necessidades de toda a Igreja e pela salvação do mundo inteiro" (IGMR, 2003, n. 55, tradução nossa).

A forma de celebração precisa possibilitar a meditação. Por isso, deve-se evitar as pressas ou qualquer coisa que desequilibre o ritmo da celebração. "Convém que tais momentos de silêncio sejam observados, por exemplo, antes de se iniciar a própria liturgia da Palavra, após a primeira e a segunda leitura, como também após o término da homilia" (IGMR, 2003, n. 56, tradução nossa).

As leituras são uma função ministerial, e não do presidente da celebração – portanto, devem ser proferidas pelo leitor. A parte mais alta da Liturgia da Palavra é a leitura do Evangelho, que deve ser proclamado pelo diácono, pelo celebrante ou por outro sacerdote. Como, nesse momento, Cristo está presente e fala, todos ouvem de pé e com a máxima veneração possível.

O salmo responsorial não deve ser substituído por outras leituras e, preferencialmente, deve ser cantado, ao menos no que se refere ao refrão do povo.

Em relação à aclamação antes do Evangelho, "constitui um rito ou uma ação por si mesma, por meio da qual a assembleia dos fiéis acolhe o Senhor que lhe vai falar no Evangelho, saúda-o e professa sua fé pelo canto" (IGMR, 2003, n. 63, tradução nossa).

A homilia é parte da liturgia. Segundo a IGMR, jamais, em hipótese alguma, deve ser pronunciada por um leigo; somente um sacerdote ou um diácono podem fazê-lo. Em domingos e festas de preceito, deve-se ter homilia, a não ser por motivo grave. "Convém que seja uma explicação de algum aspecto das leituras da Sagrada Escritura ou de outro texto do ordinário ou do Próprio da missa do dia, levando em conta tanto o mistério celebrado quanto as necessidades particulares dos ouvintes" (IGMR, 2003, n. 65, tradução nossa).

A profissão de fé leva o povo reunido a relembrar os grandes mistérios que, dentro de pouco tempo, serão celebrados na eucaristia. Deve ser cantado ou recitado nos domingos e nas solenidades. Já a oração universal é o momento em que o povo responde à Palavra de Deus e, "exercendo sua função sacerdotal, eleva preces a Deus pela salvação de todos" (IGMR, 2003, n. 69, tradução nossa).

6.5.3 Liturgia eucarística

Toda a celebração da liturgia eucarística corresponde às palavras e aos gestos de Cristo na Última Ceia.

> Na preparação dos dons, levam-se ao altar o pão e o vinho com água, isto é, aqueles elementos que Cristo tomou em suas mãos; na oração eucarística, rendem-se graças a Deus por toda a obra da salvação e as oferendas tornam-se corpo e sangue de Cristo; pela fração do pão e pela comunhão, os fiéis, embora muitos, recebem o corpo e o sangue do Senhor de um só pão e de um só cálice, do mesmo modo como os apóstolos: das mãos do próprio Cristo. (IGMR, 2003, n. 72, tradução nossa)

Na **preparação dos dons**, leva-se ao altar a matéria do pão e do vinho, o centro de toda a liturgia eucarística, a fim de prepará-lo. Antigamente, levava-se pão e vinho de casa, por isso, é louvável que os fiéis os levem ao altar, dado que já não os trazem de casa. Esse é o momento de se recolherem doações para os pobres ou para a Igreja, em lugar que não seja o altar. O sacerdote pode incensar o altar, significando que sobe a Deus as ofertas do seu povo. Em seguida, o sacerdote, pela sua dignidade sacerdotal, e o povo reunido, pela dignidade do seu batismo, podem ser incensados por um diácono ou outro ministro.

Na **oração sobre as oferendas**, o sacerdote convida o povo a rezar junto sobre as oferendas. No entanto, é a **oração eucarística** que constitui o centro e ápice de toda a celebração. "O sentido dessa oração é que toda a assembleia se una com Cristo na proclamação das maravilhas de Deus e na oblação do sacrifício. A oração eucarística exige que todos a ouçam respeitosamente e em silêncio" (IGMR, 2003, n. 78, tradução nossa).

No **rito de comunhão**, convém que a comunhão eucarística seja recebida pelos fiéis que tenham recebido as devidas preparações. As hóstias, preferencialmente, devem ter sido consagradas na mesma missa. Ao recebermos a hóstia e o sangue de Cristo, a comunhão se manifesta "mais claramente como participação no sacrifício celebrado atualmente" (IGMR, 2003, n. 85, tradução nossa)

Durante a **oração do Senhor**, deve-se pedir o pão de cada dia, "que lembra para os cristãos, antes de tudo, o pão eucarístico, e [...] a purificação dos pecados, a fim de que as coisas santas sejam verdadeiramente dadas aos santos" (IGMR, 2003, n. 81, tradução nossa).

O **rito da paz**, segundo indicação da CNBB, deve ser dado conforme as pessoas se cumprimentam entre si em qualquer lugar público. "Convém, no entanto, que cada um expresse a paz de maneira sóbria apenas aos que lhe estão mais próximos" (IGMR, 2003, n. 82, tradução nossa).

A **fração do pão** é um gesto realizado por Cristo na Última Ceia. Esse gesto é repetido pelo sacerdote e "significa que muitos fiéis, pela comunhão no único pão da vida, que é o Cristo, morto e ressuscitado pela salvação do mundo, formam um só corpo" (IGMR, 2003, n. 83, tradução nossa). Esse rito é destinado ao sacerdote e ao diácono. O sacerdote deposita uma partícula da hóstia no cálice, significando a unidade do corpo e do sangue do Senhor. Durante a fração do pão, o povo diz "o Cordeiro de Deus".

6.5.4 Ritos de encerramento

De acordo com o que estabelece a IGMR (2003, n. 90), o rito de encerramento é composto pelos seguintes atos: 1) os avisos comunitários, nos quais o sacerdote informa à comunidade aspectos práticos de interesse comum; 2) a saudação e bênção do sacerdote, com a despedida dos fiéis; e 3) o beijo e a reverência ao altar.

6.6 O culto da eucaristia fora da missa

O lugar natural do culto eucarístico é dentro da celebração eucarística; entretanto, ao longo da história, foi-se desenvolvendo um culto à eucaristia também fora da missa, o qual era desconhecido até o fim do primeiro milênio.

Existe uma continuidade entre a missa e o culto eucarístico fora dela. No entanto, por muito tempo, houve uma dicotomia, diversas vezes motivada por uma teologia redutiva, militante contra as heresias e focada nas devoções e, um pouco, na participação sacramental. O Concílio Vaticano II pretendeu superar essa dicotomia.

Dos séculos IX ao XII foi mudando, aos poucos, o acento da eucaristia como memorial da Paixão de Cristo para a presença real Dele. Isso fez com que diminuísse a participação sacramental e se desse mais importância à hóstia sagrada, fazendo com que a piedade eucarística no Ocidente fosse se dissociando da celebração da missa.

No século XI, começou-se a conservar a hóstia consagrada sobre o altar. Assim nasceu o **tabernáculo**, recordando o véu que cobria a arca da aliança, e colocou-se uma lâmpada eterna.

O século XIII foi marcado pela instituição da festa de *Corpus Christi*, que começou a ser celebrada em 1246, em Lieja, sendo universalizada pelo Papa Urbano IV (1195-1264) em 1264. Em 1317, o Papa João XXII (1244-1334) estendeu a festa para toda a Igreja. Rapidamente ela foi se popularizando, havendo registros históricos de várias celebrações por toda a Europa.

Foi nesse período também que surgiram as procissões eucarísticas, que sempre deviam terminar com a bênção eucarística – pelo menos até o século XIX, quando estas começaram a ter um caráter de reparação e a serem alimentadas por associações de adoração perpétua ou noturna.

> A devoção da espécie eucarística consagrada fora da missa gerou diversas formas de piedade popular e eclesiástica.

O grande problema, no entanto, era essa dissociação entre culto fora da missa e missa. Isso foi enchendo o primeiro de individualismo e devoções, levando ao abandono da Tradição e da Sagrada Escritura.

O Papa Paulo VI, por meio da *Sacrosanctum Concilium* (SC, 1963, n. 13), ofereceu critérios claros para iluminar essa dicotomia existente.

A Instrução *Eucharisticum Mysterium*, de 1967, depois do concílio, tratou o tema do culto eucarístico (AAS, 2006). Sua importância foi tamanha que o Ritual Romano é praticamente um resumo e aplicação dela.

Em 1973, foi promulgado também o Ritual da Sagrada Comunhão e do Culto à Eucaristia fora da Missa. Em 1980, o Papa João Paulo II publicou a Carta *Dominicae Cenae*, que trata do mistério e do culto da eucaristia na vida dos ministros da Igreja.

Em 1980, também a Congregação para os Sacramentos e o Culto Divino trouxe à luz a Instrução *Inaestimabile Donum,* que veio para chamar a atenção sobre os elementos anteriores que não estavam sendo cumpridos.

A devoção da espécie eucarística consagrada fora da missa gerou diversas formas de piedade popular e eclesiástica. A seguir analisaremos duas delas.

6.6.1 Duas formas de piedade

Há duas formas de piedade eucarística, segundo a SC: as privadas e as públicas (Paulo VI, 1963). A **forma privada** pode ser a adoração e a oração diante do Senhor. Essa oração, sem dúvida, ajuda o cristão a se aprofundar no núcleo do mistério da Páscoa. Já entre as **formas públicas**, encontramos a exposição e bênção eucarística, as procissões eucarísticas e os congressos eucarísticos.

Desde os tempos mais remotos, a eucaristia era conservada na casa dos fiéis (nos tempos de perseguição) e nas igrejas (nos tempos de paz), com a finalidade de ser levada aos doentes e anciãos que não podiam participar da celebração. Há sinais desse costume até hoje em países de perseguição religiosa, como é o caso da China.

Aos poucos, foram surgindo normas para se cuidar da eucaristia e protegê-la. Atualmente, a guarda dela é responsabilidade do pároco ou de outro sacerdote. Existem vários requisitos: não se pode colocar em qualquer lugar; é necessário ter segurança, dignidade; deve estar em um tabernáculo, dentro de um copão e sobre um corporal; deve conter uma lâmpada eterna; e as formas consagradas devem ser renovadas com frequência.

A adoração da eucaristia ganhou muita força no século XI, como reação a erros e heresias da época. O primeiro testemunho da elevação da hóstia em um ostensório data de antes do 1400. A partir daí, essa forma de piedade eucarística só foi aumentando.

6.6.2 Necessidade de comungar

Não há obrigatoriedade absoluta de se comungar na celebração eucarística. Caso o fiel queira comungar, no entanto, é necessário o desejo por receber o sacramento. Para os batizados que já fazem uso da razão, esse desejo precisa ser explicitado. De acordo com o Concílio de Trento (citado por Denzinger, 2007, n. 1635), com necessidade de preceito divino, importa que os batizados recebam a eucaristia algumas vezes na vida e também na proximidade da morte. Por observância ao preceito eclesiástico, todo católico que já fez a primeira comunhão deve receber a eucaristia pelo menos uma vez no ano.

6.6.3 Primeira comunhão

As crianças podem receber a comunhão quando tiverem conhecimento suficiente e houverem feito uma preparação satisfatória. Em perigo de morte, basta que sejam capazes de diferenciar o corpo de Cristo do alimento comum e de receber a comunhão com reverência, conforme estabelece o Cân. 913 do CDC (2007).

A idade pedida pela Igreja, a chamada *idade da razão*, é sete anos; portanto, a recepção da eucaristia não deve se distanciar muito dela. A Igreja pede que as crianças façam a primeira confissão antes da primeira comunhão, mesmo sem ter consciência de pecados graves cometidos. É responsabilidade dos pais propiciarem a elas a preparação para a recepção da comunhão.

6.6.4 Modo de receber a comunhão

A descrição mais antiga sobre o modo de comungar, datada por volta do ano 350, pode ser encontrada em São Cirilo de Jerusalém (313-386) (Diocese de Ponta Grossa, 2018). Nessa época, recomendava-se receber a hóstia com as mãos, com a mão direita sobre a esquerda – a palma voltada para cima. As mãos não podiam estar nem soltas nem com os dedos separados (Diocese de Ponta Grossa, 2018). Com o tempo, também passou-se a receber a comunhão diretamente na boca. É válido ressaltar que ambas as formas estão corretas, desde que dado o devido respeito. Caso não se comungue de joelhos, deve-se fazer alguma outra reverência, como uma inclinação com a cabeça.

6.6.5 Comungar mais de uma vez por dia

O normal é receber apenas uma vez por dia a comunhão, mas, em alguns casos, é possível receber duas vezes. Por exemplo, ao participar da missa costumeira pela manhã e, depois, à tarde, tomar parte de alguma celebração especial, como um matrimônio ou um funeral; ou em casos de proteção da eucaristia, como em perigo de roubo ou profanação ou incêndio da Igreja.

6.6.6 Distribuição da eucaristia

Somente são ministros ordinários para distribuir a eucaristia aqueles que receberam algum grau do sacramento da ordem, ou seja, diáconos, sacerdotes ou bispos.

Os ministros extraordinários são leigos que receberam essa missão, de acordo com as prescrições do direito.

Síntese

Neste último capítulo, tratamos dos aspectos ritualísticos da eucaristia. Conforme demonstramos, a matéria da eucaristia é o pão de trigo ázimo e o vinho da videira, enquanto a forma são as palavras que Cristo pronunciou na primeira consagração da história. O Papa Paulo VI (1969) acrescentou à fórmula latina do pão *"quod pro vobis tradetur"* (que por vós é entregue), e retirou da fórmula do cálice a expressão *"mysterium fidei"* (mistério da fé), realocando-a ao final da consagração.

Os frutos desse sacramento, conforme esclarecemos, são: a comunhão com Cristo, a separação do pecado, a preservação com relação aos pecados mortais e futuros, o apagamento dos pecados veniais, o comprometimento com os pobres, a união dos cristãos e a criação de missionários.

Também analisamos a centralidade que a eucaristia tem na vida da Igreja, algo proveniente de sua importância no diálogo ecumênico com as outras realidades e confissões cristãs. Aí radicam, também, os obstáculos para uma plena comunhão.

Por fim, apresentamos as etapas desse rito e de que maneira ele se desenvolveu dentro da Igreja. Nesse sentido, esclarecemos como a eucaristia passou a receber devoção fora da celebração eucarística, como na própria festa de *Corpus Christi*.

Atividades de autoavaliação

1. *Eucaristia* significa "ação de graças". Trata-se de um constante agradecimento que Jesus eleva ao Pai pelas grandes obras que tem realizado para a salvação da humanidade. A esse respeito, analise as afirmações a seguir e marque V para a(s) verdadeira(s) e F para a(s) falsa(s).
   ( ) Os relatos da instituição da eucaristia deixaram claro uma coisa: Jesus a instituiu usando pão e vinho.
   ( ) Diferentemente dos ocidentais, os orientais insistiram na utilização do pão fermentado para mostrar a diferença do pão dos judeus, expressando a novidade da comida pascal do Cristo Ressuscitado, e também para indicar melhor a natureza de comida desse pão.
   ( ) Na tradição latina, o vinho deve ser misturado com água. São várias as explicações dessa simbologia no Ocidente: "o sangue e água" que jorraram do lado de Cristo (Jo 19,34); a participação da Igreja no sacrifício de Cristo (tradição que vem de São Cipriano); e a dupla natureza de Cristo– a humana e a divina.
   ( ) Dependendo da cultura, é possível trocar a matéria do sacramento da eucaristia, substituindo, por exemplo, a farinha de trigo pela farinha de milho e o vinho pela água de rosas.

   Assinale a alternativa que apresenta a sequência correta:
   a) V, F, F, F.
   b) F, V, V, V.
   c) F, F, V, F.
   d) V, V, V, F.

2. Em perigo de morte ou guerra, a Igreja Católica pode administrar os sacramentos (eucaristia, penitência, unção dos enfermos) a outros cristãos que não estão em plena comunhão com ela. A esse respeito,

analise as afirmações a seguir e marque V para a(s) verdadeira(s) e F para a(s) falsa(s).

( ) A Igreja Católica pode administrar os sacramentos aos ortodoxos, independentemente da fé que professe esse cristão e também de sua preparação.

( ) A Igreja Católica pode obrigar um ortodoxo a receber o sacramento da eucaristia.

( ) Um ortodoxo pode obrigar a Igreja Católica a conceder-lhe o sacramento da eucaristia, sem se preocupar se acredita ou não no que a Igreja Católica professa.

( ) Um ortodoxo pode receber os sacramentos da Igreja Católica – ou um católico os sacramentos da Igreja Ortodoxa – em situações graves, como guerras. No entanto, jamais pode-se obrigar alguém a receber um sacramento, bem como quem os recebe na Igreja Católica deve acreditar em tudo o que a Igreja Católica acredita ao recebê-lo.

Assinale a alternativa que apresenta a sequência correta:
a) F, F, V, F.
b) F, V, F, V.
c) V, F, F, V.
d) F, F, F, V.

3. Os orientais também acreditam na presença permanente de Cristo nas espécies eucarísticas, contudo, a forma de culto é diferente da dos ocidentais. A esse respeito, leia com atenção as afirmações a seguir.

I. A eucaristia nas igrejas ortodoxas permanece na parte principal de suas Igrejas, mostrando a centralidade do culto pós-eucarístico dos orientais.

II. A eucaristia nas igrejas ortodoxas permanece escondida, destacando a centralidade do culto durante a celebração e não tanto no pós-celebração.

III. A eucaristia nas igrejas católicas é colocada no sacrário, o qual, normalmente, encontra-se destacado com uma luz vermelha, assinalando a centralidade que o culto eucarístico tem recebido após a celebração eucarística.

IV. Os templos da Igreja Católica, no geral, são construídos para esconder a eucaristia, tornando-a inacessível para o culto pós-celebração da missa.

Agora, assinale a alternativa que apresenta a resposta correta:
a) Apenas as afirmações III e IV estão corretas.
b) Apenas as afirmações I e IV estão corretas.
c) Apenas as afirmações II e IV estão corretas.
d) Apenas as afirmações II e III estão corretas.

4. A Carta Apostólica *Mane Nobiscum Domine* recorda-nos três formas práticas de viver a eucaristia. Assinale a alternativa que apresenta corretamente essas três formas:
a) Render graças, a vida da solidariedade e servir aos últimos.
b) Piedade, amor e esperança.
c) Render graças, seguir as rubricas e servir aos últimos.
d) Ativa, consciente e agradecimento.

5. A eucaristia foi instituída por Jesus Cristo há dois mil anos. No entanto, ao passarem de geração em geração os ensinamentos de Jesus, notamos que a celebração da missa tem tido pequenas mudanças. Nesse contexto, analise as afirmações a seguir.

I. Cada cultura pode escolher qual será a matéria da consagração, podendo trocar livremente o pão ázimo por outro alimento. O importante é deixar claro o simbolismo do alimento.

II. A partir do momento que o Senhor disse claramente e com todas as letras quais são os elementos sacramentais, ninguém pode mudá-los.

III. Jesus não deixou claro os elementos que usou para consagrar pela primeira vez.

IV. A Igreja do Ocidente entende que o pão ázimo é essencial, dado que foi usado por Jesus. Já a Igreja do Oriente entende que o pão com fermento é essencial, uma vez que destaca melhor a novidade da mensagem de Cristo.

Agora, assinale a alternativa que apresenta a resposta correta:
a) Apenas as afirmações I, III e IV estão corretas.
b) Apenas as afirmações I e IV estão corretas.
c) Apenas as afirmações III e IV estão corretas.
d) Apenas as afirmações II e IV estão corretas.

Atividades de aprendizagem

Questões para reflexão

1. O ecumenismo encontra seu ponto de comunhão e seu maior obstáculo precisamente no sacramento da eucaristia. Analise os motivos teológicos que levam a isso. Para auxiliá-lo em sua reflexão, leia o texto a seguir:

   DECLARAÇÃO Conjunta sobre a Doutrina da Justificação. Disponível em: <http://www.vatican.va/roman_curia/pontifical_councils/chrstuni/documents/rc_pc_chrstuni_doc_31101999_cath-luth-joint-declaration_po.html>. Acesso em: 15 fev. 2018.

2. Em sua avaliação, que elementos podem favorecer o ponto de comunhão entre os cristãos no contexto da eucaristia? Justifique.

Atividade aplicada: prática

1. Maria carregou Jesus no seu ventre por nove meses e depois o acompanhou até a cruz, viu Sua ressurreição e foi assunta aos céus, onde está com seu filho, intercedendo e salvando todo aquele que a buscam. Nesse sentido, Maria e a eucaristia mantêm uma relação intrínseca. Faça uma pesquisa sobre essa relação. Para tanto, leia as cartas encíclicas *Rosarium Virginis Mariae* e *Ecclesia de Eucharistia*, ambas de São João Paulo II.

   JOÃO PAULO II, Papa. **Carta Apostólica *Rosarium Virginis Mariae* do Sumo Pontífice João Paulo II ao episcopado, ao clero e aos fiéis sobre o rosário.** Vaticano, 16 out. 2002. Disponível em: <http://w2.vatican.va/content/john-paul-ii/pt/apost_letters/2002/documents/hf_jp-ii_apl_20021016_rosarium-virginis-mariae.html>. Acesso em: 31 jan. 2018.

   _____. **Carta Encíclica *Ecclesia de Eucharistia* do Sumo Pontífice João Paulo II aos bispos, aos presbíteros e diáconos, às pessoas consagradas e a todos os fiéis leigos sobre a eucaristia na sua relação com a Igreja.** Roma, 17 abr. 2003. Disponível em: <http://www.vatican.va/holy_father/john_paul_ii/encyclicals/documents/hf_jp-ii_enc_20030417_eccl-de-euch_po.html>. Acesso em: 31 jan. 2018.

Considerações finais

Concluímos nosso estudo sobre os sacramentos da iniciação cristã. Conforme pudemos demonstrar, há três sacramentos que compõem o rito de iniciação cristã: batismo, confirmação e eucaristia – que, certamente, não devem ser ritos mortos, mas sinais de uma vivência cristã à altura do que isso implica.

Como você deve ter notado, nos primeiros séculos do cristianismo, esses três sacramentos eram chamados de *iniciação* por se referirem a uma verdadeira formação para a inserção no cristianismo. Ser cristão não era algo social, tanto que, por vezes, corria-se risco de vida ou até mesmo de ser boicotado de qualquer cargo ou emprego público.

Não era fácil ser cristão. Por isso, o tempo necessário para abraçar o caminho de Cristo passava não apenas por uma catequese intelectual, mas também por um discernimento espiritual que incluía uma mudança de vida e a aceitação de tudo o que advém com a fé, como a caridade, a partilha e as verdades que Cristo revelou e deixou junto com a Igreja.

As várias divisões que foram ocorrendo no cristianismo ao longo dos séculos – ocorridas por causa da natureza corrompida do coração humano, juntamente, sem dúvida, com a ação do maior inimigo espiritual, Satanás – não deixam de ser um escândalo para o mundo. Todavia, o batismo com água, em nome da Santíssima Trindade – conservado em muitos grupos cristãos que hoje dialogam ecumenicamente –, continua sendo uma das pontes mais sólidas de diálogo ecumênico e de esperança da união entre todos os cristãos e a comunhão fraterna.

Para ilustrarmos o que discutimos ao longo da obra, compararemos a seguir os sacramentos da iniciação cristã com a Basílica de São Pedro, em Roma.

O batismo é a porta de entrada da Igreja, assim como a porta dos sacramentos da basílica. É por meio do batismo que entramos na família criada por Jesus há 2000 anos.

Ao caminharmos pela basílica, provavelmente nos depararemos com a *Glória*, de Bernini, que retrata o Espírito Santo, em forma de pomba, iluminando toda a Basílica de São Pedro. Essa obra simboliza o sacramento da confirmação, que completa a Graça Batismal, mostrando todas as belezas de ser cristão e transformando o confirmando em soldado de Cristo.

Ainda dentro da Basílica de São Pedro, há diversos altares espalhados nas principais colunas do templo, sendo que o principal deles está localizado bem abaixo do famoso baldaquino. Nesses altares, diariamente, são celebradas dezenas de missas. Essa é a eucaristia, o terceiro sacramento da iniciação cristã. Ela é o sustento de toda a Igreja, seu fundamento, assim como a missa é um memorial da Paixão de Cristo. O cristão batizado e confirmado tem um alimento fantástico para manter-se em forma e lutar pela salvação da sua alma e das almas de todos os seres humanos.

Portanto, ao caminharmos pela Basílica de São Pedro – de certa forma, símbolo da fé –, percorremos o caminho da Graça de Deus na alma de cada católico batizado, confirmado e que se alimenta do Pão dos céus.

Esperamos que esta obra tenha despertado o interesse pela continuação dos estudos nessa área. Recomendamos ainda que você busque sempre a experiência, em primeira pessoa, da santidade proporcionada pelos sacramentos; e que, por meio deles, possa sempre conhecer mais o coração amoroso e misericordioso de um Deus que não veio ao mundo para condenar, mas para salvar todos os homens.

Lista de siglas

AAS	*Acta Apostolicae Sedis*
AG	*Ad Gentes*
CDC	Código de Direito Canônico
CIC	Catecismo da Igreja Católica
CTI	Comissão Teológica Internacional
DCN	*Divinae Consortium Naturae*
FR	*Fides et Ratio*
GS	*Gaudium et Spes*
IGMR	Instrução Geral sobre o Missal Romano
LG	*Lumen Gentium*
MND	*Mane Nobiscum Domine*
PO	*Presbyterorum Ordinis*
RCCE	Ritual da Sagrada Comunhão e do Culto à Eucaristia Fora da Missa
Rica	Ritual da Iniciação Cristã de Adultos
SC	*Sacrosanctum Concilium*
UR	*Unitatis Redintegratio*
UUS	*Ut Unum Sit*

Referências

AAS – ACTA APOSTOLICAE SEDIS. Acta commissionum: Pontificia Commissio Decretis Concilii Vaticani II Interpretandis. In: **Acta apostolicae sedis**: commentarium officiale. an. et vol. LXIV. Vaticano: Typis Polyglottis Vaticanis, 1972. p. 526-528. Disponível em: <http://www.vatican.va/archive/aas/documents/AAS-64-1972-ocr.pdf>. Acesso em: 30 jan. 2018.

_____. Instrução Eucharisticum Mysterium, 25 maio 1967. In: LELO, A. F. **Eucaristia**: teologia e celebração. Documento pontifícios, ecumênicos e da CNBB 1963-2005. São Paulo: Paulinas, 2006. p. 408-437.

ANÁFORA. In: ALDAZÁBAL, J. **Dicionário elementar de liturgia**. Disponível em: <http://www.liturgia.pt/dicionario/dici_ver.php?cod_dici=21>. Acesso em: 28 set. 2017.

ARQUIDIOCESE DE NITERÓI. **Diretrizes para uma pastoral do batismo de crianças**. 2. ed. Niterói: Arquidiocese de Niterói, 2013.

BENTO XVI, Papa. **Celebração do Baptismo do Senhor**. Santa Missa e Baptismo das Crianças. 11 jan. 2009. Disponível em: <http://w2.vatican.va/content/benedict-xvi/pt/homilies/2009/documents/hf_ben-xvi_hom_20090111_battesimo.html>. Acesso em: 30 jan. 2018.

_____. **Discurso do Santo Padre aos monges reunidos na Abadia de Heiligenkreuz**, 9 set. 2007. Disponível em: <http://w2.vatican.va/content/benedict-xvi/pt/speeches/2007/september/documents/hf_ben-xvi_spe_20070909_heiligenkreuz.html>. Acesso em: 30 jan. 2018.

BERTOLDO, L. **Seitas e heresias esquecidas**. Joinville: Clube de Autores, 2016.

BÍBLIA. Português. **Bíblia Sagrada Ave-Maria**. 28. ed. São Paulo: Ave-Maria, 2000.

BOROBIO, D. **A celebração na Igreja**: ritmos e tempos da celebração. São Paulo: Loyola, 2000. v. 3.

BOURGEOIS, H.; SESBOÜÉ, B.; TIHON, P. **História dos dogmas**: os sinais da salvação. Tradução de Margarida Oliva. São Paulo: Loyola, 2005. Tomo 3.

_____. _____. 2. ed. São Paulo: Loyola, 2013. Tomo 3.

CASTELLANO, J. **El mistério de la eucaristia**. Valencia: Edicep, 2004.

CATECISMO MAIOR DE SÃO PIO X. **Terceiro Catecismo da Doutrina Cristã**. Anápolis: Edições Santo Tomás Serviço de Animação Eucarística Mariana, 2005.

CDC – CÓDIGO DE DIREITO CANÔNICO. Tradução de Conferência Nacional dos Bispos do Brasil. 7. ed. São Paulo: Loyola, 2007.

CELAM – Conselho Episcopal Latino-Americano. **Manual de Liturgia III**: a celebração do mistério pascal – Os sacramentos: sinais do mistério pascal. São Paulo: Paulus, 2015.

CIC – CATECISMO DA IGREJA CATÓLICA. Edição típica vaticana. São Paulo: Loyola, 2000.

CIPRIANO DE CARTAGO. **Obras Completas I**. Tradução de Monjas Beneditinas e Antonio Marchionni. São Paulo: Paulus, 2016. (Coleção Patrística).

CNBB – CONFERÊNCIA NACIONAL DOS BISPOS DO BRASIL. **Batismo de crianças**. Documento aprovado pela 18ª Assembleia da CNBB, Itaici, 14 fev. 1980. Disponível em: <https://www.liturgiacatolica.com/pluginAppObj_428_19/doc-19-CNBB-Batismo-de-Criancas.pdf>. Acesso em: 30 jan. 2018.

CNBB – CONFERÊNCIA NACIONAL DOS BISPOS DO BRASIL. **Guia Ecumênico.** Estudos da CNBB 21. 3. ed. São Paulo: Paulus, 2003.

CONFERÊNCIA EPISCOPAL PORTUGUESA. **Bênção dos óleos dos catecúmenos e dos enfermos e consagração do crisma.** Disponível em: <http://www.liturgia.pt/pontificais/Oleos.pdf>. Acesso em: 5 jan. 2018a.

_____. **Celebração do baptismo das crianças.** 2. ed. Coimbra: G. C. Gráfica de Coimbra. Disponível em: <http://www.liturgia.pt/rituais/Baptismo.pdf>. Acesso em: 30 jan. 2018b.

_____. **Celebração da Confirmação.** Ritual Romano. 2. ed. Disponível em: <http://www.liturgia.pt/pontificais/Confirmacao.pdf>. Acesso em: 30 jan. 2018c.

_____. **Iniciação cristã dos adultos.** Ritual Romano. 2. ed. Disponível em: <http://www.liturgia.pt/rituais/RICA.pdf>. Acesso em: 30 jan. 2018d.

CONGREGAÇÃO PARA O CULTO DIVINO E A DISCIPLINA DOS SACRAMENTOS. **Ano da eucaristia:** sugestões e propostas. 15 out. 2004. Disponível em: <http://www.vatican.va/roman_curia/congregations/ccdds/documents/rc_con_ccdds_doc_20041014_anno-eucaristia_po.html>. Acesso em: 30 jan. 2018.

CTI – COMISSÃO TEOLÓGICA INTERNACIONAL. **A esperança da salvação para as crianças que morrem sem batismo.** Disponível em: <http://www.vatican.va/roman_curia/congregations/cfaith/cti_documents/rc_con_cfaith_doc_20070419_un-baptised-infants_po.html>. Acesso em: 30 jan. 2018.

D'ANNIBALE, M. A celebração da eucaristia. In: CELAM – Conselho Episcopal Latino-Americano. **Manual de Liturgia III:** A celebração do mistério pascal – Os sacramentos: sinais do mistério pascal. São Paulo: Paulus, 2015. p. 121-186.

DENZINGER, H. **Compêndio dos símbolos, definições e declarações de fé e moral.** Tradução de José Marino e Johan Konings. São Paulo: Paulinas; Edições Loyola, 2007.

DIDAQUÉ: O catecismo dos primeiros cristãos para as comunidades de hoje (Avulso). Edição do Kindle. São Paulo: Editora Paulus, 2014.

DIOCESE DE PONTA GROSSA. **Diretório Litúrgico Diocesano.** Disponível em: <https://docgo.net/diretorio-liturgico-diocesano-ponta-grossa-pdf>. Acesso em: 30 jan. 2018.

ECCLESIA. **Tradição Apostólica de Hipólito de Roma.** Patrística e fontes cristãs primitivas. Disponível em: <http://www.ecclesia.com.br/biblioteca/pais_da_igreja/tradicao_apostolica_hipolito_roma.html#3>. Acesso em: 31 jan. 2018.

EUGENIO IV, Papa. **Exultate Deo.** Concilio di Firenze (17º Ecumenico), 22 nov. 1439. Disponível em: <https://w2.vatican.va/content/eugenius-iv/it/documents/bulla-exultate-deo-22-nov-1439.html>. Acesso em: 30 jan. 2018.

FRANCISCO, Papa. **Angelus**. Festa do Baptismo do Senhor. Praça de São Pedro, Vaticano, 12 jan. 2014a. Disponível em: <http://w2.vatican.va/content/francesco/pt/angelus/2014/documents/papa-francesco_angelus_20140112.html>. Acesso em: 30 jan. 2018.

_____. **Audiência geral**. Praça de São Pedro, Vaticano, 9 abr. 2014b. Disponível em: <https://w2.vatican.va/content/francesco/pt/audiences/2014/documents/papa-francesco_20140409_udienza-generale.html>. Acesso em: 14 fev. 2018.

_____. **Audiência geral**. Praça de São Pedro, Vaticano, 30 abr. 2014c. Disponível em: <https://w2.vatican.va/content/francesco/pt/audiences/2014/documents/papa-francesco_20140430_udienza-generale.html>. Acesso em: 14 fev. 2018.

_____. **Audiência geral**. Praça de São Pedro, Vaticano, 7 maio 2014d. Disponível em: <https://w2.vatican.va/content/francesco/pt/audiences/2014/documents/papa-francesco_20140507_udienza-generale.html>. Acesso em: 14 fev. 2018.

_____. **Audiência geral**. Praça de São Pedro, Vaticano, 14 maio 2014e. Disponível em: <http://w2.vatican.va/content/francesco/pt/audiences/2014/documents/papa-francesco_20140514_udienza-generale.html>. Acesso em: 14 fev. 2018.

_____. **Audiência geral**. Praça de São Pedro, Vaticano, 21 maio 2014f. Disponível em: <http://w2.vatican.va/content/francesco/pt/audiences/2014/documents/papa-francesco_20140521_udienza-generale.html>. Acesso em: 14 fev. 2018.

_____. **Audiência geral**. Praça de São Pedro, Vaticano, 4 jun. 2014g. Disponível em: <http://w2.vatican.va/content/francesco/pt/audiences/2014/documents/papa-francesco_20140604_udienza-generale.html>. Acesso em: 14 fev. 2018.

_____. **Audiência geral**. Praça de São Pedro, Vaticano, 11 jun. 2014h. Disponível em: <http://w2.vatican.va/content/francesco/pt/audiences/2014/documents/papa-francesco_20140611_udienza-generale.html>. Acesso em: 14 fev. 2018.

FRANCISCO, Papa. Homilia do Santo Padre. In: **Oração Ecuménica na Catedral Luterana de Lund**. Viagem Apostólica do Papa Francisco à Suécia (31 de outubro – 1º de novembro de 2016). Lund, 31 out. 2016. Disponível em: <http://w2.vatican.va/content/francesco/pt/homilies/2016/documents/papa-francesco_20161031_omelia-svezia-lund.html>. Acesso em: 30 jan. 2018.

GALINDO, F. M. **Sacramentos da iniciação cristã**. São Paulo: Paulus, 1999.

_____. _____. 2. ed. São Paulo: Paulus, 2007.

GOMES, E. X.; RAMOS, R. C.; LIMA, V. F. de (Org.). **Código de Direito Canônico comentado**. Brasília: Edições CNBB, 2013. Tomo 1 e 2.

HAFFNER, P. **Bautismo y confirmación**. México: Nueva Evangelización, 2000.

HORTON, M. S. **Pelagianismo**: a religião do homem natural. Disponível em: <http://www.monergismo.com/textos/arminianismo/pelagianismo.htm>. Acesso em: 5 fev. 2018.

HOUAISS, A.; VILLAR, M. de S. **Dicionário Houaiss da língua portuguesa**. versão 3.0. Rio de Janeiro: Instituto Antônio Houaiss; Objetiva, 2009. 1 CD-ROM.

IGREJA Católica: número de batizados cresce mais do que população mundial. **Ecclesia Internacional**, 5 mar. 2016. Disponível em: <http://www.agencia.ecclesia.pt/noticias/internacional/igreja-catolica-numero-de-batizados-em-todo-o-mundo-cresce-mais-do-que-a-populacao-mundial/>. Acesso em: 30 jan. 2018.

IGMR – INSTITUTO GENERALIS MISSALE ROMANUM. **Missale Romanum**: indicazioni generali. Tradução portuguesa da 3. ed. típica latina. 2003. Disponível em: <http://www.vatican.va/roman_curia/congregations/ccdds/documents/rc_con_ccdds_missale-romanum_index_it.html>. Acesso em: 30 jan. 2018.

JOÃO PAULO II, Papa. **Discorso di Giovanni Paolo II ai dipendenti dele ville pontificie**. Martedì, 25 set. 1990. Disponível em: <http://w2.vatican.va/content/john-paul-ii/it/speeches/1990/september/documents/hf_jp-ii_spe_19900925_ville-pontificie.html>. Acesso em: 30 jan. 2018.

_____. **Carta Apostólica Mane Nobiscum Domine do Sumo Pontífice João Paulo II ao episcopado, clero e fiéis para o ano da eucaristia**: outubro 2004 – outubro 2005. Vaticano, 7 out. 2004. Disponível em: <http://w2.vatican.va/content/john-paul-ii/pt/apost_letters/2004/documents/hf_jp-ii_apl_20041008_mane-nobiscum-domine.html>. Acesso em: 31 jan. 2018.

JOÃO PAULO II, Papa. **Carta Apostólica Rosarium Virginis Mariae do Sumo Pontífice João Paulo II ao episcopado, ao clero e aos fiéis sobre o rosário.** Vaticano, 16 out. 2002. Disponível em: <http://w2.vatican.va/content/john-paul-ii/pt/apost_letters/2002/documents/hf_jp-ii_apl_20021016_rosarium-virginis-mariae.html>. Acesso em: 31 jan. 2018.

_____. **Carta Dominicae Cenae do Santo Padre João Paulo II a todos os bispos da Igreja sobre o mistério e o culto da Santíssima Eucaristia.** Vaticano, 24 fev. 1980. Disponível em: <https://w2.vatican.va/content/john-paul-ii/pt/letters/1980/documents/hf_jp-ii_let_19800224_dominicae-cenae.html>. Acesso em: 30 jan. 2018.

_____. **Carta Encíclica Ecclesia de Eucharistia do Sumo Pontífice João Paulo II aos bispos, aos presbíteros e diáconos, às pessoas consagradas e a todos os fiéis leigos sobre a eucaristia na sua relação com a Igreja.** Roma, 17 abr. 2003. Disponível em: <http://www.vatican.va/holy_father/john_paul_ii/encyclicals/documents/hf_jp-ii_enc_20030417_eccl-de-euch_po.html>. Acesso em: 31 jan. 2018.

_____. **Carta Encíclica Ut Unum Sint do Santo Padre João Paulo II sobre o empenho ecuménico.** Roma, 25 maio 1995. Disponível em: <http://w2.vatican.va/content/john-paul-ii/pt/encyclicals/documents/hf_jp-ii_enc_25051995_ut-unum-sint.html>. Acesso em: 31 jan. 2018.

JOÃO XXIII, Papa. **Exortação Apostólica Novem Per Dies de Sua Santidade João XXIII aos bispos de todo o mundo em paz e comunhão com a sé apostólica solicitando a novena de pentecostes para o Concílio Ecumênico Vaticano II.** Roma, 20 maio 1963. Disponível em: <http://w2.vatican.va/content/john-xxiii/pt/apost_exhortations/documents/hf_j-xxiii_exh_19630520_novem-per-dies.html>. Acesso em: 31 jan. 2018.

LANNE, E. **L'Église une dans la prière eucharistique.** Irenikon, Ciney, v. 50, p. 326-344, 1977.

LA SANTA SEDE. **A celebração do mistério cristão: segunda parte.** Disponível em: <http://www.vatican.va/archive/cathechism_po/index_new/p2s2cap1_1210-1419_po.html>. Acesso em: 30 jan. 2018.

LELO, A. F. (Org.). **Eucaristia**: teologia e celebração. Documentos pontifícios, ecumênicos e da CNBB – 1963-2005. São Paulo: Paulinas, 2005.

MOLINÉ, E. **Los siete sacramentos**: iniciación teológica. 5. ed. Madrid: Rialp, 1999.

PARÓQUIA NOSSA SENHORA APARECIDA. **Os sacramentos da iniciação cristã**: "batismo – crisma – eucaristia". Disponível em: <http://www.nossasenhoraaparecida.org/images/noticias/Curso%20de%20Liturgia/2016/FORMA%C7%C3O%20LIT%DARGICA%20-%20Tapiratiba%202016%202.pdf>. Acesso em: 2 fev. 2018.

PAULO VI, Papa. **Carta Encíclica Mysterium Fidei**: de Sua Santidade Papa Paulo VI aos veneráveis irmãos patriarcas, primazes, arcebispos, bispos e a todos os ordinários do lugar em paz e comunhão com a sé apostólica e ao clero e aos fiéis de todo o mundo católico sobre o Culto da Sagrada Eucaristia. Roma, 3 set. 1965a. Disponível em: <http://w2.vatican.va/content/paul-vi/pt/encyclicals/documents/hf_p-vi_enc_03091965_mysterium.html>. Acesso em: 14 fev. 2018.

_____. **Constituição Apostólica Divinae Consortium Naturae**: de Sua Santidade o Papa Paulo VI sobre o sacramento da confirmação. Roma, 15 ago. 1971. Disponível em: <http://w2.vatican.va/content/paul-vi/pt/apost_constitutions/documents/hf_p-vi_apc_19710815_divina-consortium.html>. Acesso em: 31 jan. 2018.

_____. **Constituição Apostólica Missale Romanum**: de Paulo, bispo, servo dos servos de Deus, pela qual se promulga o Missal Romano, restaurado segundo o decreto do Concílio Ecumênico Vaticano II, para perpétua memória. Roma, 3 abr. 1969. Disponível em: <http://w2.vatican.va/content/paul-vi/pt/apost_constitutions/documents/hf_p-vi_apc_19690403_missale-romanum.html>. Acesso em: 31 jan. 2018.

_____. **Constituição Conciliar Sacrosanctum Concilium**: sobre a Sagrada Liturgia. Roma, 4 dez. 1963. Disponível em: <http://www.vatican.va/archive/hist_councils/ii_vatican_council/documents/vat-ii_const_19631204_sacrosanctum-concilium_po.html>. Acesso em: 30 jan. 2018.

_____. **Constituição Dogmática Lumen Gentium**: sobre a Igreja. Roma, 21 nov. 1964a. Disponível em: <http://www.vatican.va/archive/hist_councils/ii_vatican_council/documents/vat-ii_const_19641121_lumen-gentium_po.html>. Acesso em: 31 jan. 2018.

PAULO VI, Papa. **Constituição Pastoral Gaudium et Spes**: sobre a Igreja no mundo actual. 7 dez. 1965b. Disponível em: <http://www.vatican.va/archive/hist_coun cils/ii_vatican_council/documents/vat-ii_const_19651207_gaudium-et-spes_po.html>. Acesso em: 30 jan. 2018.

_____. **Decreto Ad Gentes**: sobre a atividade missionária da Igreja. Roma, 7 dez. 1965c. Disponível em: <http://www.vatican.va/archive/hist_councils/ii_vatican_council/documents/vat-ii_decree_19651207_ad-gentes_po.html>. Acesso em: 30 jan. 2018.

_____. **Decreto Unitatis Redintegratio**: sobre o ecumenismo. Vaticano, 21 nov. 1964b. Disponível em: <http://www.vatican.va/archive/hist_councils/ii_vatican_council/documents/vat-ii_decree_19641121_unitatis-redintegratio_po.html>. Acesso em: 31 jan. 2018.

PIO IV, Papa. **Doutrina sobre o sacrifício [eucarístico] da missa**. Concílio Ecumênico de Trento. Seção XXII. 17 set. 1562. Disponível em: <http://www.universocatolico.com.br/index.php?/secao-xxii-doutrina-sobre-o-sacrificio-eucaristico-da-missa.html>. Acesso em: 30 jan. 2018.

PIO XII, Papa. **Carta encíclica Mediator Dei do Sumo Pontífice Papa Pio XII aos veneráveis irmãos patriarcas, primazes, arcebispos e bispos e outros ordinários do lugar em paz e comunhão com a sé apostólica: sobre a Sagrada Liturgia.** Roma 20 nov. 1947. Disponível em: <http://w2.vatican.va/content/pius-xii/pt/encyclicals/documents/hf_p-xii_enc_20111947_mediator-dei.html>. Acesso em: 24 fev. 2018.

PONTIFÍCIO CONSELHO PARA A PROMOÇÃO DA UNIDADE DOS CRISTÃOS. **Comunicado conjunto da Federação Luterana Mundial e do Pontifício Conselho para a promoção da unidade dos cristãos na conclusão da Comemoração Comum da Reforma**. 31 out. 2017. Disponível em: <http://www.vatican.va/roman_curia/pontifical_councils/chrstuni/documents/rc_pc_chrstuni_doc_20171031_luterani-cristiani_po.html>. Acesso em: 30 jan. 2018.

PONTIFICIO CONSIGLIO PER LA PROMOZIONE DELL'UNITÀ DEI CRISTIANI. **Direttorio per l'applicazione dei principi e delle norme sull'ecumenismo**. Vaticano, 25 mar. 1993. Disponível em: <http://www.vatican.va/roman_curia/

pontifical_councils/chrstuni/general-docs/rc_pc_chrstuni_doc_19930325_dir
ectory_it.html>. Acesso em: 31 jan. 2018.

QUARELLO, E. **Il sacrificio di Cristo e della sua chiesa**: rassegna di riflessioni su posizioni recenti. Brescia: Queriniana, 1970.

RUSSO, R. Confirmação. In: CELAM – Conselho Episcopal Latino-Americano. **Manual de Liturgia III**: A celebração do mistério pascal – Os sacramentos: sinais do mistério pascal. São Paulo: Paulus, 2015. p. 67-118.

SAGRADA CONGREGAÇÃO PARA A DOUTRINA DA FÉ. **Instrução Pastoralis Actio sobre o baptismo das crianças**. Roma, 20 out. 1980. Disponível em: <http://www.vatican.va/roman_curia/congregations/cfaith/documents/rc_con_cfaith_doc_19801020_pastoralis_actio_po.html>. Acesso em: 31 jan. 2018.

SCHMIDT, H. A. P. **Introductio in liturgiam occidentalem**. Roma: Herder, 1960.

SÍNODO DOS BISPOS. **A eucaristia**: fonte e ápice da vida e da missão da igreja. Cidade do Vaticano, 2004. Disponível em: <http://www.vatican.va/roman_curia/synod/documents/rc_synod_doc_20040528_lineamenta-xi-assembly_po.html>. Acesso em 14 fev. 2018.

TOMÁS DE AQUINO, Santo. **Suma Teológica**. [S.d.]. Disponível em: <https://suma teologica.files.wordpress.com/2017/04/suma-teolc3b3gica.pdf>. Acesso em: 14 fev. 2018.

VATICANO. **Instrução acerca de algumas questões sobre a colaboração dos fiéis leigos no sagrado ministério dos sacerdotes**. Cidade do Vaticano, 1997. Disponível em: <http://www.vatican.va/roman_curia/congregations/cclergy/documents/rc_con_interdic_doc_15081997_po.html>. Acesso em: 30 jan. 2018.

VIDA e obra de Ulrico Zuínglio. Disponível em: <http://www.e-cristianismo.com.br/historia-do-cristianismo/biografias/vida-e-obra-de-ulrico-zu%C3%ADnglio.html#random>. Acesso em: 14 fev. 2018.

WORLD COUNCIL OF CHURCHES. Disponível em: <https://www.oikoumene.org/en>. Acesso em: 31 jan. 2018.

Bibliografia comentada

BOURGEOIS, H.; SESBOÜÉ, B.; TIHON, P. **História dos dogmas**: os sinais da salvação. Tradução de Margarida Oliva. São Paulo: Loyola, 2005. Tomo 3.
Esse é o terceiro volume de uma coletânea de artigos em forma de tratado de dogmática. Embora não haja um capítulo específico sobre batismo, este é abordado em vários pontos da obra.

CELAM – Conselho Episcopal Latino-Americano. **Manual de Liturgia III**: A celebração do mistério pascal – Os sacramentos: sinais do mistério pascal. São Paulo: Paulus, 2015.
Esse volume, que é fruto do trabalho de grandes liturgistas latino-americanos, apresenta uma análise dos sete sacramentos à luz da iniciação cristã.

CNBB – Conferência Nacional dos Bispos do Brasil. **Subsídios teológico-litúrgico-pastorais.** Documento aprovado pela 18ª Assembleia da CNBB, Itaici, 14 fev. 1980. Disponível em: <https://www.liturgiacatolica.com/pluginAppObj_428_19/doc-19-CNBB-Batismo-de-Criancas.pdf>. Acesso em: 14 fev. 2018.

Esse material completa o primeiro documento da CNBB sobre a Pastoral do Batismo (1973). A novidade são as atualizações dos subsídios, que explicam melhor o rito do batismo e a preparação.

CTI – COMISSÃO TEOLÓGICA INTERNACIONAL. **A esperança da salvação para as crianças que morrem sem batismo.** Disponível em: <http://www.vatican.va/roman_curia/congregations/cfaith/cti_documents/rc_con_cfaith_doc_20070419_un-baptised-infants_po.html>. Acesso em: 30 jan. 2018.

O que o catecismo resume em um parágrafo, esse documento aprofunda em várias páginas, abrangendo o histórico teológico e a atualidade do problema das crianças que morrem sem receber o batismo.

HAFFNER, P. **Bautismo y confirmación.** México: Nueva Evangelización, 2000.

Essa obra é um tratado sobre os sacramentos da iniciação cristã, baseado nos Padres da Igreja e em seus documentos. Até o momento, só está disponível em espanhol. É um livro bem atualizado e nivelado, pois apresenta as discussões teológicas mais recentes.

MOLINÉ, E. **Los siete sacramentos:** iniciación teológica. 5. ed. Madrid: Rialp, 1999.

Nessa obra, Enrique Moliné explica de maneira doutrinal os principais pontos de cada sacramento, tendo em vista o Catecismo da Igreja Católica.

Respostas

Capítulo 1
Atividades de autoavaliação
1. a
2. d
3. d
4. d
5. b

Capítulo 2
Atividades de autoavaliação
1. a
2. c
3. d
4. a
5. a

Capítulo 3
Atividades de autoavaliação
1. a
2. a
3. a
4. d
5. a

Capítulo 4
Atividades de autoavaliação
1. c
2. a
3. a
4. c
5. c

Capítulo 5
Atividades de autoavaliação
1. d
2. c
3. d
4. a
5. d

Capítulo 6
Atividades de autoavaliação
1. d
2. d
3. d
4. a
5. d

Sobre o autor

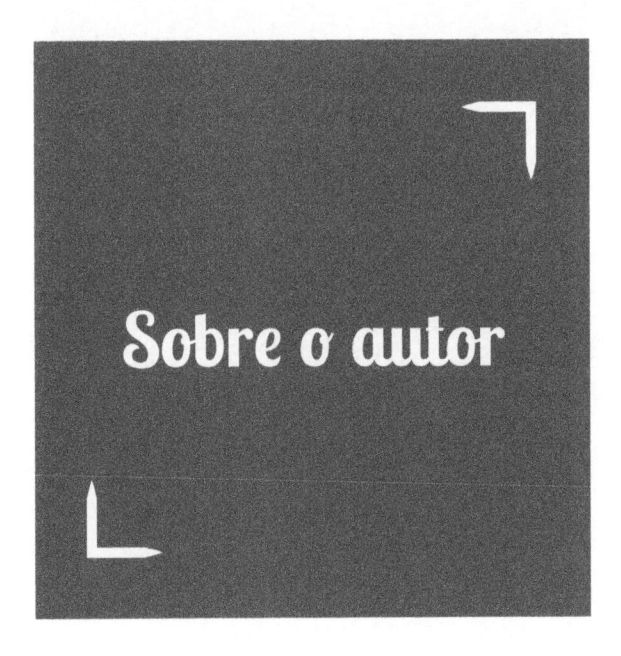

Thácio Lincon Soares de Siqueira é mestre em Filosofia e especialista em Antropologia Filosófica de Santo Tomás de Aquino pelo Ateneu Pontifício Regina Apostolorum (Apra), localizado em Roma. Possui formação complementar em Humanidades Clássicas pelo Centro de Humanidades Clássicas, localizado em Salamanca. É graduado em Filosofia e em Teologia pelo Apra. Estudou Espiritualidade Eclesial por 15 anos.

Os papéis utilizados neste livro, certificados por instituições ambientais competentes, são recicláveis, provenientes de fontes renováveis e, portanto, um meio sustentável e natural de informação e conhecimento.

FSC
www.fsc.org
MISTO
Papel produzido
a partir de
fontes responsáveis
FSC® C057341

Impressão: Log&Print Gráfica e Logística S.A.
Julho/2022